Andreas Mast

Himmlische Heimat

Vom Potenzial eines
verdrängten Geschenks

Bibliografische Information der Deutschen Nationalbibliothek:
Die Deutsche Nationalbibliothek verzeichnet diese Publikation in
der Deutschen Nationalbibliografie; detaillierte bibliografische
Daten sind im Internet über dnb.dnb.de abrufbar.

Herstellung und Verlag:
BoD – Books on Demand, Norderstedt

ISBN: 978-3-7494-4764-0

Inhaltsverzeichnis

Vorwort

Vierunddreißig Seiten sind einfach zu wenig. Trotzdem reichte es immerhin zu einer 3,5 in der wissenschaftlichen Hausarbeit über ethische Grundsätze des Apostels Paulus zum Abschluss meines Studiums. Zum Abschluss eines Studiums, das ich nicht abschloss.

Dass ich mich schon damals, um die Jahrtausendwende, sehr dafür interessierte, wie der Apostel Paulus sein Leben führte und warum er dies so tat und konnte, bestätigt mir rund 15 Jahre danach die Notwendigkeit, das Folgende schriftlich festzuhalten, denn noch immer und mehr denn je brennt diese Thematik tief in mir. Mehr noch, es zerreißt mich geradezu, wenn das Gefühl in mir aufsteigt, wie weit weg wir heute von dem zu sein scheinen und wie wenig wir davon möglicherweise verstanden haben, was unter anderen Paulus einst brennenden Herzens verkündigte. Und dieses Gefühl ist keine Seltenheit.

Nicht erst mit diesem meinem Studium in Richtung Lehramt an Grund- und Hauptschulen begannen meine Überlegungen zur grundlegenden Thematik des Evangeliums (der frohen Botschaft). Schließlich galt es regelmäßig in der Jungschar, in der ich innerhalb meiner evangelisch-landeskirchlichen Gemeinde mitarbeitete, Andachten zu halten, das heißt, den Kindern dort etwas von Gott zu erzählen. Irgendwann wurde mir dabei zunächst klar, dass die Liebe Gottes hier an erster Stelle stehen musste. Da ist jemand, der uns Menschen liebt, bedingungslos. In einer Welt, in der so vieles schiefläuft und in der immer mehr Kinder, so scheint es, nicht wenigstens erleben, dass sich ihre Eltern lieben, und darunter unweigerlich leiden, braucht es diese Botschaft unbedingt. Gott liebt uns! Ja, Gott liebt uns.

Aber was, wenn einen diese Liebe nicht erreicht?

Ich habe mein Studium abgebrochen, direkt nachdem ich die erste von drei Prüfungen endlich bestanden hatte. Ich befand mich bereits im zweiten Durchgang, war beim ersten Mal gescheitert. Ich konnte und ich wollte nicht mehr weitermachen mit einem Studium, dessen Prüfungen vor Sinnlosigkeit und Ungerechtigkeit nur so strotzten. Aber das war natürlich nicht der einzige Grund. Depression hatte sich in meinem Leben breitgemacht.

Ohne es jemandem zum Vorwurf machen zu wollen, es holte mich meine Vergangenheit ein. Eine Kindheit und Jugend, die von zahlreichen ungünstigen Umständen in Familie, Schule und Freizeit geprägt war, hatte ihre Spuren an mir hinterlassen. Kurzfristig brachte die krankhafte Alkoholabhängigkeit meines Vaters, in Verbindung mit zahlreichen negativen Begleiterscheinungen sowie der daraus hervorgehenden finanziellen Not, lediglich die notwendige Trennung der Familie vom Vater als ich vierzehn Jahre alt war. Langfristig wurden jedoch mein mit der Situation einhergehender innerer Rückzug und die emotionale Isolation von der Welt, zum Selbstschutz, bei gleichzeitiger gekonnter Aufrechterhaltung einer soliden Fassade, in den Jahren danach mehr und mehr zu einem erheblichen Problem. Während ich äußerlich auf vielen Ebenen, zum Beispiel als Kreisligafußballer oder leitender Mitarbeiter in kirchlicher Jugendarbeit, Eindruck machte, ging ich innerlich Schritt für Schritt einsam zu Grunde. Und mit Mitte zwanzig war das Fass zum Überlaufen gekommen. Zu leben fiel mir nicht erst ab diesem Zeitpunkt schwer, nun aber war es unerträglich.

Gottes Liebe. Was nützt dem Kind die Liebe des Vaters, wenn sie das Kind nicht erreicht?

Wahrscheinlich brauchte es erst meine absolute Abhängigkeit von der Liebe Gottes und die unfassbare Sehnsucht nach ihr, um zur ganz elementaren Frage gelangen zu können: Was heißt es überhaupt, dass Gott mich liebt? Worin kommt die Liebe Gottes eigentlich zum Ausdruck?

Die Antwort, die ich über viele Jahre fand, ist einfach, plausibel und genial, aber sie eröffnete mir auch den Blick auf eine große Problematik. Denn es scheint einen extremen Widerspruch zu geben zwischen der Liebe Gottes mit ihrem Willen für uns und dem, was wir heute aus unserem Leben machen.

Ich habe meine Antwort gefunden, sowohl auf die Frage nach der Liebe Gottes als auch hinsichtlich der Problematik, die sich daraus ergibt. Und genau diese Antwort versuche ich hier wiederzugeben, im höchsten Bestreben, denjenigen zu Wort kommen zu lassen, um den es geht.

Wenngleich ich dabei zunächst, den Grund legend, besonders viele Stellen der Bibel zitiere und es womöglich einige Zeit scheint, als würde nichts Besonderes entstehen, das wird nicht bis zum Ende so bleiben. Ein Haus braucht ein stabiles Fundament, das zuerst gelegt sein muss, und Gleiches gilt für das, was hier geschrieben steht, denn das hat es meines Erachtens in sich. Es mag weniger spektakulär sein, bei der Legung des Fundaments zuzusehen, als dabei, wie das Haus in die Höhe schießt. Aber es bliebe unklar, wie sicher dieses Haus steht, wenn man das Fundament nicht kennt. Und so mühsam es womöglich stellenweise sein wird, dieses Buch zu lesen, ich bin davon überzeugt, dass es sich am Ende gelohnt haben … kann. Wer bin ich, dass ich dies mit Gewissheit behaupten könnte? Ich weiß nur, dass ich es nicht geschrieben hätte, würde ich nicht großes Potenzial darin sehen.

Möge der Geist Gottes Ihnen beim Lesen zunehmende Erkenntnis der Wahrheit eröffnen! Auch durch manche Unvollkommenheit meiner Worte und Gedanken hindurch!

Jesus, das Reich Gottes und ich –
Was der König predigt und schenkt

Ewiger König mit entsprechendem Auftrag

„Mein Sohn, deine Sünden sind dir vergeben." Dies sind Worte Jesu, die so wohl niemanden wirklich überraschen. Worte, die allerdings bezogen auf den Augenblick, in dem sie ausgesprochen wurden, unseren menschlichen Erwartungen wenig entsprechen dürften. Ich komme in Kürze darauf zurück.

Auch wenn die Frage, wozu Jesus vor rund 2000 Jahren auf diese Welt kam, für Christen vermutlich schnell beantwortet zu sein scheint, war es für mich dennoch spannend, nochmals einen Blick darauf zu werfen, was die Bibel zu diesem Thema konkret zu sagen hat. Und zunächst will ich dafür den Blick auf zwei Begebenheiten lenken, von denen im Neuen Testament berichtet wird.

Während der Evangelist Matthäus vom Engel des Herrn schrieb, der Josef im Traum erschien, war es bei Lukas der Engel Gabriel, der, von Gott nach Nazareth gesandt, dort Maria begegnete.[1] Ein Unterschied, auf den ich nicht eingehen will und werde, weil es mir nicht darum geht, eine wissenschaftliche Arbeit abzuliefern. Ich glaube schließlich nicht an die Bibel, ich glaube an den Gott, der mir in der Bibel begegnet und den ich durch dieselbe kennenlernen kann. Für viel wichtiger als die Frage nach den konkreten Umständen der Situation erachte

---

1   Siehe Mt 1,20 bzw. Lk 1,26

11

ich deshalb den Blick auf das, was inhaltlich zum Ausdruck kommt.

Ein Engel des Herrn sprach zu Josef:

> „Und sie [Maria] wird einen Sohn gebären, dem sollst du den Namen Jesus geben, denn er wird sein Volk retten von ihren Sünden"[2].

Die Bedeutung des Namens Jesus kommt hier zum Ausdruck: Gott rettet. Jesus soll er heißen, denn das Programm soll Name sein. Doch damit nicht genug, bei Lukas sprach der Engel Gabriel zu Maria:

> Er wird „König sein über das Haus Jakob in Ewigkeit, und sein Reich wird kein Ende haben"[3].

Zusammengefasst wird Jesus im Neuen Testament vor seiner Geburt also angekündigt als Retter von Sünden sowie als König eines ewigen Reiches.

Zur zweiten Begebenheit. Zeitlich bereits deutlich weiter, als Jesus schon mit seinen Jüngern unterwegs war und man im ganzen galiläischen Land von ihm wusste, lesen wir recht einheitlich bei Markus und Lukas, welche Folgen seine Lehre und sein Handeln bei den Menschen nach sich zogen: „Als es aber Tag wurde, ging er hinaus an eine einsame Stätte; und die Menge suchte ihn, und sie kamen zu ihm und wollten ihn festhalten, damit er nicht von ihnen ginge."[4]

---

2   Mt 1,21 – alle Verse wurden, wenn nicht anders angegeben, der Lutherbibel in der revidierten Fassung von 2017 entnommen.
3   Lk 1,33
4   Lk 4,42

Klar, Jesus machte Menschen gesund. Das zog an. Kranke und Besessene wurden zu ihm gebracht und er half vielen. Aber was sprach er zu ihnen, als sie ihn deshalb *festhalten* wollten?

„Er sprach aber zu ihnen: Ich muss auch den andern Städten das Evangelium predigen vom Reich Gottes; denn dazu bin ich gesandt."[5]

Das sind nun zwei Begebenheiten, die einen ganz guten Eindruck davon vermitteln, wozu Jesus damals auf diese Welt kam: Der als Retter von Sünden und als König eines ewigen Reiches Angekündigte sieht seine Aufgabe zunächst in der Predigt des Evangeliums vom Reich Gottes.

„Mein Sohn, deine Sünden sind dir vergeben." Dies sind Worte, die Jesus einem Gelähmten gegenüber aussprach. Gegenüber eines Gelähmten, der auf recht umständliche Weise zu ihm gebracht worden war. Viele Menschen waren in diesem Moment bei Jesus, in einem Haus, viel zu viele, und doch ließen sich einige andere nicht abhalten, das Dach dieses Hauses aufzudecken und das Bett, auf dem der Gelähmte lag, durch das Loch zu ihm herabzulassen. Viel Aufwand, wozu wohl?

Auch wenn sich dort anwesende Schriftgelehrte vielmehr daran störten, dass Jesus sich daraufhin anmaßte, Sünden vergeben zu wollen, ich könnte mir vorstellen, für den Gelähmten war dies nicht das entscheidende Problem. Sein Problem damit dürfte ein anderes gewesen sein. Sollte er sich aber tatsächlich doch erhofft haben, dass Jesus ihm in dieser Situation mit die-

---

5   Lk 4,43; ähnlich auch in Mk 1,38

sen Worten der Vergebung begegnen würde, dann war er in jedem Fall sehr viel weiser und reifer, als ich es bin.

Die magischen Worte, die erwartet wurden, vom Gelähmten, von den Helfern, von den meisten Anwesenden – zumindest meinerseits, wäre ich dabei gewesen – dürften doch viel mehr diese gewesen sein: „Steh auf, nimm dein Bett und geh heim!"

Aber es waren andere Worte, die Jesus wählte, zunächst. Es war ihm wichtig, zu helfen, zu heilen, gesund zu machen, definitiv. Jesus litt zu jeder Zeit mit den Leidenden mit, aber in dieser Situation wird für mich in höchstem Maße deutlich, wie ernst es ihm mit seiner eigentlichen Aufgabe war.

„Da nun Jesus ihren Glauben sah," so heißt es, „sprach er zu dem Gelähmten: Mein Sohn, deine Sünden sind dir vergeben." Jesus wusste, was der Glaubende braucht: Vergebung seiner Sünden. Sicher, Heilung von der Lähmung hätte diesem Menschen ein einfacheres Leben auf der Erde gebracht, Jesus war aber nicht der König dieser Welt, er ist der König eines ewigen Reiches. Und in dieser Größenordnung dachte und handelte er auch.

Zur Heilung des Gelähmten kam es dennoch. Möglicherweise hätte es dafür der Schriftgelehrten nicht bedurft, aber dank ihres Zornes über die Frechheit Jesu, zu behaupten, er könne Sünden vergeben, was für sie der Gotteslästerung gleich kam, habe ich nun heute ein wunderbares Dokument zur Bekräftigung meiner Überlegungen.

Jesus bemerkte, was die Schriftgelehrten bewegte und er stellte eine ganz einfache Frage: „Was ist leichter, zu dem Gelähmten zu sagen: Dir sind deine Sünden vergeben, oder zu sagen: Steh auf, nimm dein Bett und geh hin?" Natürlich eine rhetorische Frage, denn Sündenvergebung lässt sich leicht behaupten, jemanden heilen zu können dagegen etwas schwieriger. Und wie untermauert man am besten, etwas zu können, das sich schwer überprüfen lässt? Nun ja, man tut etwas, das auch schwer ist, sich aber leicht prüfen lässt. „Damit ihr aber wisst", beginnt Jesus nun also die Demonstration seiner Vollmacht und nur wenige Augenblicke später stand der Gelähmte auf, „nahm sogleich sein Bett und ging hinaus vor aller Augen"[6].

Wo ich körperliche Heilung erwartet hätte, erfuhr der Gelähmte Vergebung. Diese körperliche Heilung gab es jedoch *lediglich* als Zugabe, nämlich zur Untermauerung der Vollmacht zur Vergebung.

Jesus heilte haufenweise Menschen von ihren Gebrechen und Dämonen, „es jammerte ihn"[7] geradezu, und auch seinen Jüngern gab er den Auftrag, Kranke zu heilen und Geister auszutreiben, aber dazu kam er nicht auf diese Welt. Jesus kam seinem Namen gemäß als Retter von Sünde, als König eines ewigen Reiches und dementsprechend muss ihm Vergebung sowie die Predigt des Evangeliums vom Reich Gottes und dass Menschen zum Glauben daran kommen wichtiger gewesen sein als alles andere.

„Da nun Jesus ihren Glauben sah," dachte er nicht als erstes daran, den Gelähmten zu heilen. Er vergab ihm stattdessen seine Sünden, weil das damit verbundene Geschenk so viel größer ist, als das, das mit der körperlichen Heilung einhergeht.

---

6 Der vollständige Bericht dieser Heilung eines Gelähmten ist nachzulesen in Mk 2,1-12.
7 Mk 1,41

„Und Jesus zog umher in alle Städte und Dörfer, lehrte in ihren Synagogen und predigte das Evangelium von dem Reich und heilte alle Krankheiten und alle Gebrechen."[8]

Das Evangelium, Botschaft vom Reich Gottes

Jesu öffentliches Wirken, wie es in der Bibel beschrieben wird, beginnt mit der Gefangenschaft Johannes des Täufers. Schon dessen Predigt hatte eine eindeutige Tendenz: „Tut Buße, denn das Himmelreich ist nahe herbeigekommen!"[9] Nach Matthäus fing Jesus ebenso genau damit zu predigen an[10], bei Markus heißt es etwas ausführlicher:

„Die Zeit ist erfüllt, und das Reich Gottes ist nahe herbeigekommen. Tut Buße und glaubt an das Evangelium!"[11]

In der Kraft des Geistes kam Jesus „wieder nach Galiläa; und die Kunde von ihm erscholl durch das ganze umliegende Land. Und er lehrte in ihren Synagogen und wurde von jedermann gepriesen"[12].

Jesus begann als Prediger, als Lehrer, nicht als Heiler. Seine Botschaft war das Evangelium, das Evangelium Gottes. Und er

---

8   Mt 9,35
9   Mt 3,2
10   Siehe Mt 4,17
11   Mk 1,15
12   Lk 4,14f

rief die Menschen auf, an Gott zu glauben, sich an ihm festzumachen! Sollte er uns heute zu etwas anderem einladen?

Das Neue Testament ist nicht das Evangelium, das Jesus predigte, logisch, denn diese Texte wurden erst nach seinem Tod
geschrieben, er selbst hat das Evangelium ja aber gepredigt.
Das Neue Testament oder die Bücher, aus denen es besteht,
sind nicht das Evangelium, aber man kann das Evangelium,
die frohe Botschaft vom Reich Gottes, darin finden. Und das
nicht zu knapp, denn Jesus wies doch permanent darauf hin:

„Selig sind, die da geistlich arm sind; denn ihrer ist das
Himmelreich." „Sammelt euch aber Schätze im Himmel".
„Trachtet zuerst nach dem Reich Gottes". „Es werden nicht
alle, die zu mir sagen: Herr, Herr!, in das Himmelreich
kommen". „Viele werden kommen von Osten und von
Westen und mit Abraham und Isaak und Jakob im Himmelreich zu Tisch sitzen". „Geht aber und predigt und
sprecht: Das Himmelreich ist nahe herbeigekommen." „Er
antwortete und sprach zu ihnen: Euch ist's gegeben, zu
wissen die Geheimnisse des Himmelreichs". „Das Himmelreich gleicht einem Menschen, der guten Samen auf
seinen Acker säte." „Dann werden die Gerechten leuchten
wie die Sonne in ihres Vaters Reich." „Das Himmelreich
gleicht einem Schatz, verborgen im Acker". „Ich will dir
die Schlüssel des Himmelreichs geben". „Wenn ihr nicht
umkehrt und werdet wie die Kinder, so werdet ihr nicht
ins Himmelreich kommen." „Darum gleicht das Himmelreich einem König, der mit seinen Knechten abrechnen
wollte." „Aber Jesus sprach: Lasset die Kinder und wehret
ihnen nicht, zu mir zu kommen; denn solchen gehört das

Himmelreich." „Und weiter sage ich euch: Es ist leichter, dass ein Kamel durch ein Nadelöhr gehe, als dass ein Reicher ins Reich Gottes komme." „Denn das Himmelreich gleicht einem Hausherrn, der früh am Morgen ausging, um Arbeiter anzuwerben für seinen Weinberg." „Wahrlich, ich sage euch: Die Zöllner und Huren kommen eher ins Reich Gottes als ihr." „Das Himmelreich gleicht einem König, der seinem Sohn die Hochzeit ausrichtete." „Und es wird gepredigt werden dies Evangelium vom Reich in der ganzen Welt zum Zeugnis für alle Völker, und dann wird das Ende kommen." „Da wird dann der König sagen zu denen zu seiner Rechten: Kommt her, ihr Gesegneten meines Vaters, erbt das Reich, das euch bereitet ist von Anbeginn der Welt!" „Ich sage euch: Ich werde von nun an nicht mehr von diesem Gewächs des Weinstocks trinken bis an den Tag, an dem ich aufs Neue davon trinken werde mit euch in meines Vaters Reich."[13]

Egal ob im persönlichen Gespräch oder in öffentlicher Predigt, egal ob als Trostwort oder Mahnung, egal ob als Auftrag für die Jünger oder in der Auseinandersetzung mit Schriftgelehrten: Jesus sprach vom Himmelreich, vom Reich Gottes, vom Reich seines Vaters.

Ich lege in obiger Ansammlung von Versen keinen Wert auf die Vollständigkeit von Hinweisen zum Himmelreich im Matthäus-Evangelium. Auch hat es keinerlei Bedeutung, dass ich

---

13 Mt 5,3; Mt 6,20; Mt 6,33; Mt 7,21; Mt 8,11; Mt 10,7; Mt 13,11; Mt 13,24; Mt 13,43; Mt 13,44; Mt 16,19; Mt 18,3; Mt 18,23; Mt 19,14; Mt 19,24; Mt 20,1; Mt 21,31; Mt 22,2; Mt 24,14; Mt 25,34; Mt 26,29

Matthäus und nicht Markus oder Lukas zitiere, was genauso möglich gewesen wäre. Es geht mir an dieser Stelle ausschließlich darum, aufzuzeigen, welches Thema Jesus in seinem Auftreten im Großen und Ganzen bewegte: Das Reich Gottes, seines Vaters; das ewige Reich, als dessen König er selbst angekündigt wurde. Meinem Verständnis nach gibt es kein Evangelium Gottes ohne dieses Reich, denn das Reich Gottes ist das Evangelium.

Jesus bahnt den Weg in sein Reich

Das Reich seines Vaters ist, was Jesus als Mensch im Herzen brannte, unaufhörlich machte er Werbung dafür. Nichts lag Jesus näher, als durch sein Predigen möglichst viele Menschen in die Position zu bringen, in welcher sie eines Tages von ihm die eben bereits zitierten Worte hören werden:

„Kommt her, ihr Gesegneten meines Vaters, ererbt das Reich, das euch bereitet ist von Anbeginn der Welt!"[14]

Um dies zu ermöglichen, bedurfte es allerdings mehr als nur seiner Predigt, es bedurfte seiner Bestimmung als Retter. Als dieser war er angekündigt und dies war ihm bewusst, schließlich war der Menschensohn nicht gekommen, „dass er sich dienen lasse, sondern dass er diene und gebe sein Leben als Lösegeld für viele"[15].

---

14 Mt 25,34
15 Mt 20,28

Von Petrus darauf angesprochen, wie oft er seinem Bruder, der an ihm sündigt, vergeben müsse, griff Jesus zum Vergleich des Himmelreichs mit „einem König, der mit seinen Knechten abrechnen wollte"[16]. Zwar antwortete er damit in erster Linie auf die Frage des Petrus, aber er beschrieb dabei auch, wie es Gott mit seinen Geschöpfen, mit uns Menschen halten will. Der König im Gleichnis hatte Erbarmen mit dem beschriebenen Knecht, der ihm beladen mit einer unbezahlbaren Schuld zu Füßen fiel, „und ließ ihn frei und die Schuld erließ er ihm auch"[17].

Sehr deutlich brachte Jesus den Grund seines Kommens auch kurz vor seiner Gefangennahme beim Mahl mit seinen Jüngern zum Ausdruck: „Und er nahm den Kelch und dankte, gab ihnen den und sprach: Trinket alle daraus; das ist mein Blut des Bundes, das vergossen wird für viele zur Vergebung der Sünden."[18] Nur wenig später brachte ihn seine Bestimmung als Retter ans Kreuz, wo er mit seinem Tod eine Brücke schlug, die die Trennung zwischen Mensch und Gott dauerhaft überwindet. „Siehe, das ist Gottes Lamm, das der Welt Sünde trägt!"[19], so brachte es Johannes der Täufer bei seiner Begegnung mit Jesus schon zuvor zum Ausdruck.

„Der Geist des Herrn ist auf mir, weil er mich gesalbt hat
und gesandt, zu verkündigen das Evangelium den Armen,
zu predigen den Gefangenen, dass sie frei sein sollen, und
den Blinden, dass sie sehen sollen, und die Zerschlagenen

---

16 Mt 18,23
17 Mt 18,27
18 Mt 26,27f
19 Joh 1,29

zu entlassen in die Freiheit und zu verkündigen das Gnadenjahr des Herrn."[20]

So zitierte Jesus in der Synagoge in Nazareth aus dem Buch des Propheten Jesaja und ergänzte: „Heute ist dieses Wort der Schrift erfüllt vor euren Ohren"[21]. Er verkündigte das Gnadenjahr des Herrn, interpretierbar als die Zeit des Handelns, Sterbens und Auferstehens Jesu. Er predigte das Evangelium vom Reich Gottes, er nahm stellvertretend alle Schuld, die uns Menschen von Gott trennte, auf sich und überwand den Tod, um uns dadurch Eingang in das ewige Reich, dessen König er ist, zu ermöglichen. Dafür kam Jesus vor 2000 Jahren auf diese Welt.

Es gibt für mich keine Stelle in der Bibel, die das Evangelium besser zusammenfasst als die bekannte im dritten Kapitel des Johannes-Evangeliums:

> „Denn also hat Gott die Welt geliebt, dass er seinen eingeborenen Sohn gab, auf dass alle, die an ihn glauben, nicht verloren werden, sondern das ewige Leben haben. Denn Gott hat seinen Sohn nicht in die Welt gesandt, dass er die Welt richte, sondern dass die Welt durch ihn gerettet werde."[22]

Gottes Liebe will für uns Menschen das ewige Leben, will die ewige Gemeinschaft zwischen ihm und uns in seinem Reich, und er will dies unbedingt und so sehr, dass er sogar bereit war, seinen Sohn als Mensch für alles, was dieser Gemeinschaft

---

20 Lk 4,18f; siehe auch Jes 61,1f
21 Lk 4,21
22 Joh 3,16f

im Wege stand, am Kreuz einen qualvollen Tod sterben zu lassen.

In diesen Worten aus Johannes steckt bereits so unglaublich viel gute Nachricht, dass es im Grunde keiner weiteren guten Nachrichten bedarf. „Wer an den Sohn glaubt, der hat das ewige Leben."[23] Ein Geschenk, der Preis ist bezahlt. Es braucht keine weiteren Sühneopfer, wie sie bis zur Zeit Jesu reichlich gebracht wurden, und es braucht kein Halten von Geboten, um gerecht vor Gott stehen zu können. Das Geschenk, das größte Geschenk überhaupt, ist das ewige Leben im Reich Gottes, und was es braucht, ist Glaube. Jesus predigte:

„Tut Buße und glaubt an das Evangelium!"[24]

Hierbei handelt es sich um Worte Jesu, bei denen sich ein genauerer Blick auf den Urtext lohnt. Das Wort im griechischen Text, das an dieser Stelle für *glauben* steht, bedeutet nach der Auslegung der Wuppertaler Studienbibel so viel wie „Beständigkeit gewinnen, sich festmachen, in sich zur Ruhe kommen, im Gegensatz zu zittern, sich beunruhigen und fürchten." Zudem heißt es wörtlich übersetzt wohl nicht: *glaubt an das Evangelium*, sondern: *glaubt in der Freudenbotschaft. Glauben* sei im Neuen Testament „nie auf das Evangelium, das Wort oder die Verkündigung bezogen, sondern streng auf Gott, Christus oder seinen Namen"[25]. Auch sei der Aufruf zum Glauben innerhalb des Verses kein zweiter Akt im Anschluss an die Buße, sondern die Präzisierung des ersten Rufes zur Buße. Glaube sei das,

---

23 Joh 3,36
24 Mk 1,15
25 Wuppertaler Studienbibel, Adolf Pohl, Markus, 69

was Jesus unter Umkehr verstehe, was durch die folgenden Kapitel des Markus-Evangeliums, in denen Jesus nicht mehr von *umkehren*, dafür aber gewichtig von *glauben* spricht, bestätigt würde.[26]

Zusammengefasst rief Jesus also dazu auf, sich festzumachen an Gott beziehungsweise in Gott zur Ruhe zu kommen und zwar aufgrund der Freudenbotschaft von seinem Reich.

Es gibt keinen besseren Grund, zu glauben, als das Evangelium vom Reich Gottes. Und es braucht keinen anderen Grund. Nichts war Jesus wichtiger, als genau davon zu reden:

„Wahrlich, wahrlich, ich sage euch: Wer mein Wort hört und glaubt dem, der mich gesandt hat, der hat das ewige Leben und kommt nicht in das Gericht, sondern er ist vom Tode zum Leben hindurchgedrungen." „Denn das ist der Wille meines Vaters, dass, wer den Sohn sieht und glaubt an ihn, das ewige Leben habe; und ich werde ihn auferwecken am Jüngsten Tage. […] Wahrlich, wahrlich, ich sage euch: Wer glaubt, der hat das ewige Leben." „Meine Schafe hören meine Stimme, und ich kenne sie und sie folgen mir; und ich gebe ihnen das ewige Leben, und sie werden nimmermehr umkommen, und niemand wird sie aus meiner Hand reißen." „Jesus spricht zu ihr [Marta]: Ich bin die Auferstehung und das Leben. Wer an mich glaubt, der wird leben, ob er gleich stürbe; und wer da lebt und glaubt an mich, der wird nimmermehr sterben. Glaubst du das?" „Ich bin als Licht in die Welt gekommen, auf dass, wer an mich glaubt, nicht in der Finsternis bleibe. Und wer meine Worte hört und bewahrt sie nicht, den richte ich nicht;

---

26 Siehe Wuppertaler Studienbibel, Adolf Pohl, Markus, 76f

denn ich bin nicht gekommen, dass ich die Welt richte, sondern dass ich die Welt rette. [...] Und ich weiß: Sein [des Vaters] Gebot ist das ewige Leben." „Das ist aber das ewige Leben, dass sie dich, der du allein wahrer Gott bist, und den du gesandt hast, Jesus Christus, erkennen."[27]

Jesu Stimme und sein Wort hören, aufgrund seiner Freudenbotschaft vom Reich an ihn glauben, ihn erkennen, und damit, dank seiner Rettungstat am Kreuz, das ewige Leben haben, darum geht es. Deshalb wurde der Sohn Gottes Mensch auf dieser Welt, und genau darin kommt die Liebe Gottes zum Menschen meines Erachtens zum allergrößten Ausdruck.

Wunderbare Perspektive himmlischer Heimat

Die Frage, was es nun mit diesem Reich Gottes eigentlich auf sich hat und warum darin so viel frohe Botschaft steckt, ist in meinen Augen eine recht komplexe. Auch hier liegt es mir fern, in jeder denkbaren Hinsicht Antworten geben zu wollen, noch dazu womöglich unter sämtlichen wissenschaftlichen Gesichtspunkten. Ich könnte es ohnehin nicht. Und als Glaubendem muss es mir diesbezüglich letztlich auch gar nicht um Wissen gehen.

„Ihr sollt euch nicht Schätze sammeln auf Erden, wo Motten und Rost sie fressen und wo Diebe einbrechen und

---

27 Joh 5,24; Joh 6,40.47; Joh 10,27f; Joh 11,25f; Joh 12,46f.50; Joh 17,3

stehlen." „Himmel und Erde werden vergehen; aber meine Worte werden nicht vergehen."[28]

In diesen beiden Aussagen Jesu verbirgt sich das Stichwort Vergänglichkeit. Das Leben des Menschen auf der Erde ist zeitlich begrenzt. Selbst Himmel und Erde werden nicht ewig bestehen. Von Pilatus darauf angesprochen, ob er ein König sei, antwortete Jesus: „Mein Reich ist nicht von dieser Welt. Wäre mein Reich von dieser Welt, meine Diener würden darum kämpfen, dass ich den Juden nicht überantwortet würde; aber nun ist mein Reich nicht von hier."[29] Während diese Welt und alles Leben auf ihr vergehen werden, gelten für Gottes Reich andere Regeln. Das Reich Gottes und seine Bürgerinnen und Bürger sind der Vergänglichkeit nicht unterworfen, was allerdings für sich alleine betrachtet natürlich noch keine frohe Botschaft sein muss.

Neben der Überwindung der Vergänglichkeit kommt in anderen Worten Jesu ein wesentlicher Aspekt der Freude recht deutlich zum Ausdruck. Im Gespräch mit seinen Jüngern gab er ihnen mit:

„In der Welt habt ihr Angst; aber seid getrost, ich habe die Welt überwunden."[30]

In seinem Reich ist nicht nur die Vergänglichkeit überwunden, sondern auch die Angst der Welt. Und nicht nur diese: Selig werden sein, die da geistlich arm sind, die da Leid tragen, die Sanftmütigen, die da hungert und dürstet nach der Gerech-

---

28 Mt 6,19; Mt 24,35
29 Joh 18,36
30 Joh 16,33

tigkeit, die Barmherzigen, die reinen Herzens sind, die Frieden stiften, die um der Gerechtigkeit willen verfolgt, verschmäht und verleumdet werden.[31] Die Worte aus dem Beginn seiner als Bergpredigt bekannten und an seine Jünger gerichteten Lehre schloss Jesus mit: „Seid fröhlich und jubelt; es wird euch im Himmel reichlich belohnt werden"[32].

Angst und Leid, zwei Themen, die wohl zweifellos zu jeder Zeit aktuell sind, die im Reich Gottes jedoch überwunden sein werden. Paulus brachte diese Hoffnung in seinem Brief an die Gemeinde in Rom deutlich zum Ausdruck:

> „Denn ich bin überzeugt, dass dieser Zeit Leiden nicht ins Gewicht fallen gegenüber der Herrlichkeit, die an uns offenbart werden soll."[33]

Paulus rühmte sich „der Hoffnung auf die Herrlichkeit, die Gott geben wird"[34]. Auch im zweiten Brief an die Korinther zeichnete er ein schönes Bild: „Wenn unser irdisches Haus, diese Hütte, abgebrochen wird, so haben wir einen Bau, von Gott erbaut, ein Haus, nicht mit Händen gemacht, das ewig ist im Himmel"[35]. Und genau davon sprach auch Jesus selbst: „In meines Vaters Hause sind viele Wohnungen. Wenn's nicht so wäre, hätte ich dann zu euch gesagt: Ich gehe hin, euch die Stätte zu bereiten?"[36]

---

31 Siehe Mt 5,3-11
32 Mt 5,12
33 Röm 8,18
34 Röm 5,2
35 2Kor 5,1
36 Joh 14,2

Im Buch der Offenbarung, in dem festgehalten ist, was Jesus seinem Knecht Johannes durch Engel kundgetan hat, können wir von folgendem Bild lesen:

„Diese sind's, die aus der großen Trübsal kommen und haben ihre Kleider gewaschen und haben sie hell gemacht im Blut des Lammes. Darum sind sie vor dem Thron Gottes und dienen ihm Tag und Nacht in seinem Tempel; und der auf dem Thron sitzt, wird über ihnen wohnen. Sie werden nicht mehr hungern noch dürsten; es wird auch nicht auf ihnen lasten die Sonne oder irgendeine Hitze; denn das Lamm mitten auf dem Thron wird sie weiden und leiten zu den Quellen lebendigen Wassers, und Gott wird abwischen alle Tränen von ihren Augen."[37]

Und am Ende der Offenbarung heißt es:

„Und er wird bei ihnen wohnen, und sie werden seine Völker sein, und er selbst, Gott mit ihnen, wird ihr Gott sein; und Gott wird abwischen alle Tränen von ihren Augen, und der Tod wird nicht mehr sein, noch Leid noch Geschrei noch Schmerz wird mehr sein; denn das Erste ist vergangen."[38]

Auch ohne konkret zu wissen, wie das Reich Gottes aussehen wird und wie Leben darin sein wird: Vergänglichkeit, Angst und Not spielen dort keine Rolle. Doch damit nicht genug, stattdessen ist die Rede von Herrlichkeit in Gegenwart des ewigen Königs. Eine Herrlichkeit gleich einem Fest: „Sagt den Gäs-

---

37 Offb 7,14-17
38 Offb 21,3f

ten: Siehe, meine Mahlzeit habe ich bereitet, meine Ochsen und mein Mastvieh ist geschlachtet und alles ist bereit; kommt zur Hochzeit!"[39] Worte aus einem Gleichnis, das zwar der Thematisierung einer anderen Problematik diente, auf die ich auch noch zu sprechen komme, die aber dennoch eine Idee davon vermitteln, was es mit dem Himmelreich auf sich hat.

> „Denn siehe, ich will einen neuen Himmel und eine neue Erde schaffen, dass man der vorigen nicht mehr gedenken und sie nicht mehr zu Herzen nehmen wird. Freuet euch und seid fröhlich immerdar über das, was ich schaffe."[40]

So brachte der Prophet Jesaja die frohe Botschaft zeitlich schon weit vor Jesus zum Ausdruck. Und dies geschieht in diesem Vers vielleicht lediglich besonders verständlich, denn die Bücher der Propheten enthalten zahlreiche Ausblicke auf das, was da kommen soll und wovon Jesus predigte, weshalb seine Zuhörer auch nicht mit etwas völlig Fremdem konfrontiert waren und ob der Gutartigkeit dieser Perspektive überzeugt werden mussten. Beispiele:

> „Und es wird ein Reis hervorgehen aus dem Stamm Isais und ein Zweig aus seiner Wurzel Frucht bringen. Auf ihm wird ruhen der Geist des HERRN, der Geist der Weisheit und des Verstandes, der Geist des Rates und der Stärke, der Geist der Erkenntnis und der Furcht des HERRN. [...] Gerechtigkeit wird der Gurt seiner Lenden sein und die Treue der Gurt seiner Hüften. Da wird der Wolf beim Lamm wohnen und der Panther beim Böcklein lagern.

---

39 Mt 22,4
40 Jes 65,17f

Kalb und Löwe werden miteinander grasen, und ein kleiner Knabe wird sie leiten. Kuh und Bärin werden zusammen weiden, ihre Jungen beieinanderliegen, und der Löwe wird Stroh fressen wie das Rind. Und ein Säugling wird spielen am Loch der Otter, und ein kleines Kind wird seine Hand ausstrecken zur Höhle der Natter. Man wird weder Bosheit noch Schaden tun auf meinem ganzen heiligen Berge; denn das Land ist voll Erkenntnis des HERRN, wie Wasser das Meer bedeckt."[41]

„Siehe, in Gerechtigkeit wird ein König regieren, und Fürsten werden herrschen, wie es recht ist, [...]. Und die Augen der Sehenden werden nicht mehr verklebt sein, und die Ohren der Hörenden werden aufmerken. Und das Herz der Unvorsichtigen wird Klugheit lernen, und die Zunge der Stammelnden wird fließend und klar reden."[42]

„So werden die Erlösten des HERRN heimkehren und nach Zion kommen mit Jauchzen, und ewige Freude wird auf ihrem Haupte sein. Wonne und Freude werden sie ergreifen, aber Trauern und Seufzen wird von ihnen fliehen."[43]

„Zur selben Zeit will ich die zerfallene Hütte Davids wieder aufrichten und ihre Risse vermauern und, was abgebrochen ist, wieder aufrichten und will sie bauen, wie sie vorzeiten gewesen ist, damit sie in Besitz nehmen, was üb-

---

41 Jes 11,1f.5-9
42 Jes 32,1.3f; vergleiche Jer 23,5f; Jer 33,15f
43 Jes 51,11; vergleiche Jes 35,10

rig ist von Edom, und alle Heiden, über die mein Name genannt ist, spricht der HERR, der solches tut. Siehe, es kommt die Zeit, spricht der HERR, dass man zugleich ackern und ernten, zugleich keltern und säen wird. Und die Berge werden von Most triefen, und alle Hügel werden fruchtbar sein."[44]

Aufgrund dieser Botschaft an Gott und an Jesus zu glauben, dadurch das ewige Leben zu haben, und schon heute mit dieser Perspektive und aus ihr heraus leben zu dürfen, darum geht es. Ich glaube, um nichts anderes geht es. Und ich glaube, genau darin kommt die Liebe Gottes am nötigsten, am wichtigsten und am größten zum Ausdruck. Ich behaupte, es gibt nichts anderes, das dermaßen große positive Macht in sich birgt, wie es die frohe Botschaft vom Reich Gottes tut.

Vom Ziel ergriffen und beseelt

In einem Moment, in dem sich aufgrund von Unverständnis für seine Worte zahlreiche Jünger von Jesus abwandten, antwortete Petrus auf die Frage, ob er und die anderen elf erwählten Jünger nun auch weggehen würden:

„Herr, wohin sollen wir gehen? Du hast Worte des ewigen Lebens; und wir haben geglaubt und erkannt: Du bist der Heilige Gottes."[45]

---

44 Am 9,11-13
45 Joh 6,68f

Petrus sah nicht die geringste Alternative zu Jesu Worten des ewigen Lebens. Es gab für ihn keinen anderen Weg, den er hätte gehen können und wollen.

„Wie einfach und echt ist diese Antwort. [...] Nicht von den Zeichen und Wundern spricht Petrus. Nicht sie sind es, die ihn und seine Mitjünger bei Jesus festhalten. Es ist Jesu Wort, dessen Macht sie erfahren haben. ‚Worte ewigen Lebens', Worte, die das eigentliche Leben erschließen und vermitteln, haben sie bei Jesus gehört. Könnten sie bei irgend einem ‚andern' mehr und größeres finden?"[46]

Ich denke darüber nach, ob es sich bei diesen wenigen Worten des Petrus nicht womöglich um das perfekte Glaubensbekenntnis handeln könnte.

Auch in der Einleitung der Apostelgeschichte ist das Reich Gottes das bestimmende Thema. Nach seinem Leiden am Kreuz zeigte sich Jesus den Aposteln „durch viele Beweise als der Lebendige und ließ sich sehen unter ihnen vierzig Tage lang und redete mit ihnen vom Reich Gottes"[47]. Es gab nichts Wichtigeres über das Jesus mit den Aposteln hätte reden können und es mündete in deren Frage: „Herr, wirst du in dieser Zeit wieder aufrichten das Reich für Israel?"[48] Sie wollten wissen, wann es soweit ist, denn die Sehnsucht danach war groß.

An diesem wesentlichen Inhalt der Predigt, nun aber der Predigt der Apostel, änderte sich auch nach Christi Himmelfahrt nichts. Worte des ewigen Lebens, die Perspektive von Gottes Reich, das ist, was die Nachfolger und Gesandten Jesu, von denen in der Bibel erzählt wird, auszeichnete und bestimmte.

---

46 Wuppertaler Studienbibel, de Boor, Johannes (1. Teil), 222
47 Apg 1,3
48 Apg 1,6

Ganz besonders deutlich wird dies im Blick auf den Apostel Paulus, von dem durch seine Briefe im Neuen Testament nach Jesus wahrscheinlich am meisten zu erfahren ist.

> „Denn ich bin überzeugt, dass dieser Zeit Leiden nicht ins Gewicht fallen gegenüber der Herrlichkeit, die an uns offenbart werden soll. Denn das ängstliche Harren der Kreatur wartet darauf, dass die Kinder Gottes offenbar werden. Die Schöpfung ist ja unterworfen der Vergänglichkeit – ohne ihren Willen, sondern durch den, der sie unterworfen hat –, doch auf Hoffnung; denn auch die Schöpfung wird frei werden von der Knechtschaft der Vergänglichkeit zu der herrlichen Freiheit der Kinder Gottes. Denn wir wissen, dass die ganze Schöpfung bis zu diesem Augenblick seufzt und in Wehen liegt. Nicht allein aber sie, sondern auch wir selbst, die wir den Geist als Erstlingsgabe haben, seufzen in uns selbst und sehnen uns nach der Kindschaft, der Erlösung unseres Leibes. Denn wir sind gerettet auf Hoffnung hin."[49]

Paulus glaubte an das Reich Gottes, welches Angst, Leid und Vergänglichkeit der gegenwärtigen Zeit in den Schatten stellen wird. Er lebte in und aus der Hoffnung nach dieser Erlösung, er sehnte sich geradezu danach.

> „Meine Brüder und Schwestern, ich schätze mich selbst nicht so ein, dass ich's ergriffen habe. Eins aber sage ich: Ich vergesse, was dahinten ist, und strecke mich aus nach dem, was da vorne ist, und jage nach dem vorgesteckten

---

49 Röm 8,18-24

Ziel, dem Siegespreis der himmlischen Berufung Gottes in Christus Jesus."[50]

Wohin sonst sollte er gehen, als die Worte des ewigen Lebens zu nehmen und ihnen nicht nur zu folgen, sondern gar nachzujagen. Paulus kannte nur ein einziges Ziel und brachte es im selben Brief mit noch drastischeren Worten zum Ausdruck:

> „Denn Christus ist mein Leben, und Sterben ist mein Gewinn. [...] Ich habe Lust, aus der Welt zu scheiden und bei Christus zu sein, was auch viel besser wäre"[51].

Konsequent definierte er das Reich Gottes nicht nur als sein Ziel, sondern vielmehr noch ganz und gar als sein Zuhause, nach dem er sich sehnte:

> „Wir aber sind Bürger im Himmel; woher wir auch erwarten den Heiland, den Herrn Jesus Christus, der unsern geringen Leib verwandeln wird, dass er gleich werde seinem verherrlichten Leibe nach der Kraft, mit der er sich alle Dinge untertan machen kann."[52]

Im Glauben stand er in genau dieser Gnade und rühmte sich „der Hoffnung auf die Herrlichkeit, die Gott geben wird"[53].

---

50 Phil 3,13f
51 Phil 1,21.23
52 Phil 3,20f – Der Begriff des *himmlischen Bürgerrechts*, den ich an verschiedenen Stellen verwende, gründet in der Übersetzung dieses Verses der Lutherbibel in der revidierten Fassung von 1984: „Unser Bürgerrecht aber ist im Himmel".
53 Röm 5,2

Frei von der Herrschaft der Sünde wusste er: „[...] das Ende aber ist das ewige Leben"[54].

Im ersten Brief an die Gemeinde in Korinth erinnerte Paulus die Gläubigen dort an das Evangelium, das zur Seligkeit führt, wenn sie es in der Gestalt festhielten, wie er es ihnen verkündigt hatte. Seine weiteren Ausführungen dazu zeigen deutlich, dass sein verkündigtes Evangelium untrennbar mit Auferstehung verknüpft ist. „Denn wenn die Toten nicht auferstehen, so ist Christus auch nicht auferstanden."[55] Für Paulus hätte dies nicht im Geringsten etwas mit einer guten Nachricht zu tun gehabt:

„Hoffen wir allein in diesem Leben auf Christus, so sind wir die elendesten unter allen Menschen."[56]

Etwas weiter schrieb er:

„Hätte ich in menschlicher Weise in Ephesus mit wilden Tieren gekämpft, was hätte es mir geholfen? Wenn die Toten nicht auferstehen, dann ‚lasst uns essen und trinken; denn morgen sind wir tot!' (Jesaja 22,13)"[57]

In der Überwindung des Todes aber liegt der Sieg. Jesus starb, um für alle Menschen den Preis zu bezahlen, den die Sünde von jedem einzelnen fordert, denn *der Sünde Sold ist der Tod.* Den umfassenden Sieg über die Sünde jedoch brachte erst die Auferstehung, mit der Jesus den Tod überwand, mit dem er zu-

---

54 Röm 6,22
55 1Kor 15,16
56 1Kor 15,19
57 1Kor 15,32

vor die Rechnung beglichen hatte, und mit der „in Christus alle lebendig gemacht werden"[58].

„Denn der Sünde Sold ist der Tod; die Gabe Gottes aber ist das ewige Leben in Christus Jesus, unserm Herrn."[59]

Im Evangelium, das Paulus in Korinth verkündigte, geht es also nicht nur zum Teil um Auferstehung, das Reich Gottes und ewiges Leben, vielmehr sind die Überwindung des Todes und die daraus resultierende Perspektive der Ewigkeit eben dieses Evangelium.

„Denn unsre Bedrängnis, die zeitlich und leicht ist, schafft eine ewige und über alle Maßen gewichtige Herrlichkeit, uns, die wir nicht sehen auf das Sichtbare, sondern auf das Unsichtbare. Denn was sichtbar ist, das ist zeitlich; was aber unsichtbar ist, das ist ewig."[60]

Paulus' Blick richtete sich auf das Ewige, nicht auf das Vergängliche. Die Botschaft von der über alle Maßen gewichtigen Herrlichkeit ist eben die frohe Botschaft, die ihm trotz widriger Umstände eine feste, beständige, nicht zu erschütternde Identität in Gott gab. Und auch den Blick der Korinther wollte er in genau diese Richtung lenken, wenn er bewusst davon schrieb, wie es nicht ihm allein, sondern ihnen mit ihm gemeinsam in dieser Hinsicht ging:

---

58   1Kor 15,22
59   Röm 6,23
60   2Kor 4,17f

„Denn wir wissen: wenn unser irdisches Haus, diese Hütte, abgebrochen wird, so haben wir einen Bau, von Gott erbaut, ein Haus, nicht mit Händen gemacht, das ewig ist im Himmel. Denn darum seufzen wir auch und sehnen uns danach, dass wir mit unserer Behausung, die vom Himmel ist, überkleidet werden, weil wir dann bekleidet und nicht nackt befunden werden. Denn solange wir in dieser Hütte sind, seufzen wir und sind beschwert, weil wir lieber nicht entkleidet, sondern überkleidet werden wollen, damit das Sterbliche verschlungen werde von dem Leben. [...] Wir sind aber getrost und begehren sehr, den Leib zu verlassen und daheim zu sein bei dem Herrn."[61]

Natürlich hatte Paulus in seinen Briefen an unterschiedliche Gemeinden auch mit unterschiedlichen Themen zu tun. Verschiedene Fragen waren zu beantworten, diverse Probleme und Differenzen zu klären, und dementsprechend gibt es unterschiedliche Schwerpunkte in seinen Schreiben. Aber dennoch lässt Paulus meiner Meinung nach keine Zweifel an dem aufkommen, was für ihn das stets im Blick zu behaltende Evangelium war. Im Brief an die Galater schrieb er gleich zu Beginn vom Herrn Jesus Christus, „der sich selbst für unsere Sünden dahingegeben hat, dass er uns errette von dieser gegenwärtigen, bösen Welt nach dem Willen Gottes, unseres Vaters"[62]. Die Christen in Ephesus sprach er folgendermaßen an: „[...] ihr,

---

61 2Kor 5,1-4.8
62 Gal 1,4

die ihr das Wort der Wahrheit gehört habt, nämlich das Evangelium von eurer Rettung"[63]. Im Gebet dachte er an sie:

> "Und er gebe euch erleuchtete Augen des Herzens, damit ihr erkennt, zu welcher Hoffnung ihr von ihm berufen seid, wie reich die Herrlichkeit seines Erbes für die Heiligen ist und wie überschwänglich groß seine Kraft an uns ist, die wir glauben durch die Wirkung seiner mächtigen Stärke. Mit ihr hat er an Christus gewirkt, als er ihn von den Toten auferweckt hat und eingesetzt zu seiner Rechten im Himmel über alle Reiche, Gewalt, Macht, Herrschaft und jeden Namen, der angerufen wird, nicht allein in dieser Welt, sondern auch in der zukünftigen."[64]

Den Reichtum der Herrlichkeit des Erbes erkennen sowie die Macht der Stärke, mit der Gott sein ewiges Reich errichtet hat; dieser Wunsch war es, den Paulus angesichts der gegenwärtigen, bösen Welt immer wieder in den Mittelpunkt stellte.

Von der Gemeinde in Kolossä zeigte sich Paulus zu Beginn seines Briefes an dieselbe angetan hinsichtlich der „Liebe, die ihr zu allen Heiligen habt, um der Hoffnung willen, die für euch bereitliegt im Himmel. Von ihr habt ihr schon zuvor gehört durch das Wort der Wahrheit, das Evangelium"[65].

Werner de Boor brachte es im Kommentar der Wuppertaler Studienbibel zu diesen Versen für mich treffend zum Ausdruck: „Es wird deutlich, in welchem Maße das Evangelium damals ebenso die Botschaft vom wiederkommenden Herrn

---

63 Eph 1,13
64 Eph 1,18-21
65 Kol 1,4f

37

wie vom gekreuzigten und auferstandenen Christus umfaßte. Welche Verarmung und Entstellung hat das Evangelium in der Christenheit seitdem erlitten! Wie wenig hören wir noch von der biblischen Zukunftshoffnung. Sie aber ist gerade der eigentliche Zielpunkt des Evangeliums, das insofern auch in der apostolischen Verkündigung das ,Evangelium vom Reich' ist und bleibt"[66].

Paulus ermahnte die Kolosser, im Glauben zu bleiben, gegründet und fest, und nicht zu weichen von der Hoffnung des Evangeliums, dessen herrlichen Reichtum er beschrieb als „Christus in euch, die Hoffnung der Herrlichkeit"[67].

In einem Segenswunsch an die Thessalonicher beschrieb er Gott, den Vater, als den, „der uns geliebt und uns einen ewigen Trost gegeben hat und eine gute Hoffnung durch Gnade"[68]. Im zweiten Brief an Timotheus sprach er von der Seligkeit „in Christus Jesus mit ewiger Herrlichkeit"[69] und verabschiedete sich später mit den Worten:

„Der Herr aber wird mich erlösen von allem Übel und mich retten in sein himmlisches Reich. Ihm sei Ehre von Ewigkeit zu Ewigkeit! Amen."[70]

---

66 Wuppertaler Studienbibel, de Boor, Kolosser, 167
67 Vergleiche Kol 1,15-29
68 2Thess 2,16
69 2Tim 2,10
70 2Tim 4,18

Von Petrus gibt es weniger Briefe im Neuen Testament als von Paulus, aber nicht weniger eindrücklich beginnt der erste:

„Gelobt sei Gott, der Vater unseres Herrn Jesus Christus, der uns nach seiner großen Barmherzigkeit wiedergeboren hat zu einer lebendigen Hoffnung durch die Auferstehung Jesu Christi von den Toten, zu einem unvergänglichen und unbefleckten und unverwelklichen Erbe, das aufbewahrt wird im Himmel für euch, die ihr aus Gottes Macht durch den Glauben bewahrt werdet zur Seligkeit, die bereitet ist, dass sie offenbar werde zu der letzten Zeit. Dann werdet ihr euch freuen, die ihr jetzt eine kleine Zeit, wenn es sein soll, traurig seid in mancherlei Anfechtungen, [...]; ihr werdet euch aber freuen mit unaussprechlicher und herrlicher Freude, wenn ihr das Ziel eures Glaubens erlangt, nämlich der Seelen Seligkeit."[71]

Und so wie Petrus begann, so beendete er sein Schreiben an mehrere, wahrscheinlich heidenchristliche Gemeinden auch:

„Der Gott aller Gnade aber, der euch berufen hat zu seiner ewigen Herrlichkeit in Christus, der wird euch, die ihr eine kleine Zeit leidet, aufrichten, stärken, kräftigen, gründen."[72]

Gleichermaßen erinnerte Petrus in seinem zweiten Brief an den „Eingang in das ewige Reich unseres Herrn und Heilands

---

71 1Petr 1,3-6.8f
72 1Petr 5,10

Jesus Christus"[73]. Und es handelte sich dabei nicht nur um eine beiläufige Erwähnung, er sah darin seine Aufgabe:

„Darum will ich euch allezeit daran erinnern, obwohl ihr's wisst und gestärkt seid in der Wahrheit, die nun gegenwärtig ist. Ich halte es aber für richtig, solange ich in dieser Hütte bin, euch zu wecken und zu erinnern"[74].

Wie könnte es dann anders sein, als dass Petrus am Ende wieder darauf zurückkommt:

„Wir warten aber auf einen neuen Himmel und eine neue Erde nach seiner Verheißung, in denen Gerechtigkeit wohnt. Darum, ihr Lieben, während ihr darauf wartet, seid bemüht, dass ihr vor ihm unbefleckt und untadelig im Frieden gefunden werdet, und erachtet die Geduld unseres Herrn für eure Rettung, wie auch unser geliebter Bruder Paulus nach der Weisheit, die ihm gegeben ist, euch geschrieben hat. Davon redet er in allen Briefen"[75].

Ein neuer Himmel und eine neue Erde, in denen, anders als in der gegenwärtigen Welt, Gerechtigkeit wohnt. Von dieser frohen Botschaft, vom Warten auf die Erfüllung und von den Auswirkungen auf das Leben in dieser Welt schrieb Petrus und, wie er belegt, genau darum ging es auch Paulus.

Darum ging es auch Johannes in seinen Briefen. Werner de Boor schrieb im Vorwort zur Auslegung derselben, dass wer sich mit diesen Briefen auseinandersetzt, bald merken wird,

---

73 2Petr 1,11
74 2Petr 1,12f
75 2Petr 3,13-16

„daß er mit der gleichen Botschaft konfrontiert wird, der er bei Paulus begegnete, und daß diese Konfrontation bei dem ‚Apostel der Liebe' eher noch herausfordernder ist"[76].

Worte des Johannes zur frohen Botschaft und ihrer Bedeutung:

> „Was ihr gehört habt von Anfang an, das bleibe in euch. Wenn in euch bleibt, was ihr von Anfang an gehört habt, so werdet ihr auch im Sohn und im Vater bleiben. Und das ist die Verheißung, die er uns verheißen hat: das ewige Leben."[77]

Die grundlegende Botschaft vom ewigen Leben, der Inhalt der Predigt Jesu vom Reich Gottes, daran festzuhalten, erinnerte auch Johannes. An wen der Brief konkret adressiert ist, lässt sich nicht bestimmen, aber Johannes appellierte förmlich an deren Erinnerungsvermögen:

> „Meine Lieben, wir sind schon Gottes Kinder; es ist aber noch nicht offenbar geworden, was wir sein werden. Wir wissen: Wenn es offenbar wird, werden wir ihm gleich sein; denn wir werden ihn sehen, wie er ist". „Darin ist erschienen die Liebe Gottes unter uns, dass Gott seinen eingebornen Sohn gesandt hat in die Welt, damit wir durch ihn leben sollen." „Denn alles, was aus Gott geboren ist, überwindet die Welt; und unser Glaube ist der Sieg, der die Welt überwunden hat." „Das habe ich euch geschrie-

---

76 Wuppertaler Studienbibel, de Boor, Briefe des Johannes, Vorwort
77 1Joh 2,24f

ben, damit ihr wisst, dass ihr das ewige Leben habt, euch, die ihr glaubt an den Namen des Sohnes Gottes."[78]

Gott selbst hat den Weg bereitet, dem Glaubenden das ewige Leben zu schenken. Im Glauben das ewige Leben zu haben, das ist es, was den Glaubenden nur auszeichnen kann. Ohne diese Perspektive verfehlt das Projekt des Glaubens vielleicht letztlich nicht einmal das Ziel, gegenwärtig verfehlt es jedoch seinen Sinn.

Bezüglich des Hebräerbriefs sind weder die Frage nach dem Verfasser noch die nach den Adressaten eindeutig zu beantworten, aber die Perspektive ist hier keine andere als in den anderen Briefen:

Von Jesus ist die Rede als „Mittler des neuen Bundes, auf dass durch seinen Tod, der geschehen ist zur Erlösung von den Übertretungen unter dem ersten Bund, die Berufenen das verheißene ewige Erbe empfangen"[79].

Die im Glauben verstorbenen Nachkommen Abrahams, die aus Ägypten ausgezogen waren, „haben die Verheißungen nicht ergriffen, sondern sie nur von ferne gesehen und gegrüßt und haben bekannt, dass sie Gäste und Fremdlinge auf Erden sind. Wenn sie aber solches sagen, geben sie zu verstehen, dass sie ein Vaterland suchen. Und wenn sie das Land gemeint hätten, von dem sie ausgezogen waren, hätten sie ja Zeit gehabt, wieder umzukehren.

---

78 1Joh 3,2; 1Joh 4,9; 1Joh5,4; 1Joh 5,13
79 Hebr 9,15

Nun aber streben sie zu einem besseren Land, nämlich dem himmlischen". „Darum, weil wir ein Reich empfangen, das nicht erschüttert wird, lasst uns dankbar sein". „Denn wir haben hier keine bleibende Stadt, sondern die zukünftige suchen wir."[80]

Die Rede ist von Fremdlingen auf Erden, voller Sehnsucht nach der himmlischen Heimat. Empfänger und Suchende eines unerschütterlichen Reiches, wohl wissend, auf Erden keine bleibende Stadt zu haben. Die frohe Botschaft ist, dass „Gott etwas Besseres für uns vorgesehen hat"[81].

> „So seid nun geduldig, Brüder und Schwestern, bis zum Kommen des Herrn" „und wartet auf die Barmherzigkeit unseres Herrn Jesus Christus zum ewigen Leben."[82]

Auch Jakobus und Judas richteten ihre Blicke in dieselbe Richtung wie die anderen Briefeschreiber.

> „Denn also hat Gott die Welt geliebt, dass er seinen eingeborenen Sohn gab, auf dass alle, die an ihn glauben, nicht verloren werden, sondern das ewige Leben haben."[83]

Das Evangelium, das Jesus und die Apostel verkündigten, ist die frohe Botschaft vom Reich Gottes und es geht dabei nicht direkt um unser Dasein auf dieser Erde, die nicht bleiben wird und auf der wir nur Fremdlinge sind, sondern um eine himm-

---

80 Hebr 11,13-16; Hebr 12,28; Hebr 13,14
81 Hebr 11,40
82 Jak 5,7; Jud 21
83 Joh 3,16

lische Heimat, ein Haus, von Gott erbaut, einen neuen Himmel und eine neue Erde, ein himmlisches Vaterland, in dem unser Bürgerrecht liegt. Darin kommt Gottes Liebe zu uns Menschen zum Ausdruck und diese Liebe und Sehnsucht nach der Versöhnung mit dem Menschen, seinem Geschöpf, ist derartig groß, dass er dafür seinen Sohn auf die Erde sandte, der „das Kreuz erduldete und die Schande gering achtete und sich gesetzt hat zur Rechten des Thrones Gottes"[84].

Der bessere Weg des barmherzigen Gottes

Warum kommt Gottes Liebe nun in diesem Evangelium zum Ausdruck und in keinem anderen? Warum plant Gott langfristig nicht mit dieser Welt, in der wir leben?

Mit Wissen kann ich auch an dieser Stelle nicht dienen, lediglich mit dem, was ich für mich erkannt habe und was für mich Sinn macht. Mit Paulus muss ich erkennen:

„[…] unser Wissen ist Stückwerk und unser prophetisches Reden ist Stückwerk. Wenn aber kommen wird das Vollkommene, so wird das Stückwerk aufhören. […] Wir sehen jetzt durch einen Spiegel in einem dunklen Bild; dann aber von Angesicht zu Angesicht. Jetzt erkenne ich stückweise; dann aber werde ich erkennen, gleichwie ich erkannt bin."[85]

---

84 Hebr 12,2
85 1Kor 13,9f.12

Und außerdem:

„O welch eine Tiefe des Reichtums, beides, der Weisheit und der Erkenntnis Gottes! Wie unbegreiflich sind seine Gerichte und unerforschlich seine Wege! Denn ‚wer hat des Herrn Sinn erkannt, oder wer ist sein Ratgeber gewesen‘? (Jesaja 40,13) Oder ‚wer hat ihm etwas zuvor gegeben, dass Gott es ihm zurückgeben müsste?‘ (Hiob 41,3) Denn von ihm und durch ihn und zu ihm sind alle Dinge. Ihm sei Ehre in Ewigkeit! Amen."[86]

Unter keinen Umständen will ich an dieser Stelle eine Diskussion darüber eröffnen, inwiefern die biblische Schöpfungsgeschichte oder der sogenannte Sündenfall tatsächlich wie beschrieben passiert sein könnten. Das halte ich nicht für wichtig. Ich halte es dagegen für wichtig, an einen Gott zu glauben, den ich für mächtig genug erachte, dass er es sowohl genau so gemacht haben könnte, Wissenschaft hin oder her, als auch irgendwie anders, um dann dennoch durch diese Texte auf seine Weise zu uns sprechen zu können. Für wichtig halte ich, dass Gott der Schöpfer ist, wie auch immer. Und ich glaube daran, dass seine Schöpfung eine gelungene war, wie es der Schöpfungsbericht eben schön zum Ausdruck bringt:

„Und Gott sah an alles, was er gemacht hatte, und siehe, es war sehr gut"[87].

Auch glaube ich an einen Gott, der dem Menschen als der Krönung seiner Schöpfung einen freien Willen gab. Den freien

---

86   Röm 11,33-36
87   1Mo 1,31

Willen, seinem Schöpfer zu vertrauen oder es eben auch nicht zu tun, denn Gott ist auf keine andere Art von Beziehung zum Menschen aus als auf eine Liebesbeziehung und Liebe zwingt nicht.

Dass es in dieser Beziehung zu einem Bruch kam, davon erzählt das dritte Kapitel des ersten Buches Mose. Mit diesem Bruch entfernte sich der Mensch von Gott, kapselte sich von ihm ab und beförderte sich selbst in die missliche, gottlose Situation, deretwegen es dann das Gnadenjahr des Herrn brauchte, um einen Ausweg zu schaffen. Wie gesagt, es geht mir nicht darum, darüber zu reden, wie die Dinge konkret abgelaufen sein könnten, sondern lediglich darum, mein Verständnis der Situation des Menschen und der ganzen Schöpfung in Bezug auf Gott wiederzugeben.

„Die Schöpfung ist ja unterworfen der Vergänglichkeit – ohne ihren Willen, sondern durch den, der sie unterworfen hat –, doch auf Hoffnung; denn auch die Schöpfung wird frei werden von der Knechtschaft der Vergänglichkeit zu der herrlichen Freiheit der Kinder Gottes."[88]

Die Trennung des Menschen, der Krönung der Schöpfung, von Gott hatte Auswirkungen auf die ganze Schöpfung. „Ein besonderes Ereignis warf sie aus der Bahn und zwang sie in den Leerlauf. [...] Gott hatte dem Menschen alles zu treuen Händen übergeben, ihn zum König über die Erde gekrönt. Diese Zuständigkeit des Menschen war so gültig und wesentlich, daß es für seinen Verantwortungsbereich Folgen haben musste, als er gottlos wurde. Aus der Krone der Schöpfung

---

88 Röm 8,20f

wurde die Katastrophe der Schöpfung. Nun ist die Natur um den Menschen herum gestört, gehemmt, verkümmert, ausgelaugt."[89]

Im Bericht von der Sintflut ist zu lesen:

> „Als aber der HERR sah, dass der Menschen Bosheit groß war auf Erden und alles Dichten und Trachten ihres Herzens nur böse war immerdar, da reute es den HERRN, dass er die Menschen gemacht hatte auf Erden, und es bekümmerte ihn in seinem Herzen"[90].

Und etwas später:

> „Aber die Erde war verderbt vor Gott und voller Frevel. Da sah Gott auf die Erde, und siehe, sie war verderbt; denn alles Fleisch hatte seinen Weg verderbt auf Erden."[91]

Selbst wenn die Sintflut als Gerichtsakt und versuchtem Neustart Gottes mit seiner Schöpfung nichts anderes wäre als eine nette Geschichte, wer hätte darauf kommen können, eine solche zu schreiben, wenn auf der Erde alles sehr gut gewesen wäre? Allein die Existenz dieser Erzählung, ob Realität oder Fiktion, spricht für den Menschen als Katastrophe der Schöpfung. Auch kommt es danach zwar zu einem Bund zwischen Gott und dem Menschen, aber wirklich versöhnliche Töne klingen doch anders:

---

89 Wuppertaler Studienbibel, Pohl, Römer, 169f
90 1Mo 6,5f
91 1Mo 6,11f

Gott „sprach in seinem Herzen: Ich will hinfort nicht mehr die Erde verfluchen um der Menschen willen; denn das Dichten und Trachten des menschlichen Herzens ist böse von Jugend auf. Und ich will hinfort nicht mehr schlagen alles, was da lebt, wie ich getan habe. Solange die Erde steht, soll nicht aufhören Saat und Ernte, Frost und Hitze, Sommer und Winter, Tag und Nacht."[92]

Den Menschen mit freiem Willen auszustatten, geschah aus Liebe. Ihn als Katastrophe der Schöpfung auszuhalten, geschieht aus Liebe. Doch die allergrößte Liebe zeigte sich darin, der ganzen Schöpfung einen Ausweg aus dieser Situation zu bereiten.

Johannes schreibt:

„Wir wissen, dass wir von Gott sind, und die ganze Welt liegt im Argen. Wir wissen aber, dass der Sohn Gottes gekommen ist und uns Einsicht gegeben hat, damit wir den Wahrhaftigen erkennen. Und wir sind in dem Wahrhaftigen, in seinem Sohn Jesus Christus. Dieser ist der wahrhaftige Gott und das ewige Leben."[93]

Die ganze Welt liegt im Argen, aus der Bahn geworfen und geprägt vom Menschen, der Katastrophe der Schöpfung. Aber Gott schenkt uns einen Ausweg, doch er zwingt ihn uns nicht auf. Er hat uns jedoch den Sinn dafür gegeben, ihn, den Wahrhaftigen, zu erkennen und mit ihm das ewige Leben.

Die Welt liegt im Argen. Im Neuen Testament ist die Rede von Elend, zerbrochenen Herzen, Gefangenen und Gebundenen.

---

92   1Mo 8,21f
93   1Joh 5,19f

Diebe brechen ein, Krankheiten und Gebrechen treten auf und böse Geister treiben ihr Unwesen. Immer wieder liest man vom bösen und abtrünnigen oder sündigen, verdorbenen und verkehrten Geschlecht. Fressen und Saufen mit täglichen Sorgen tauchen genauso auf wie Angst, Bedrängnisse, Eifersucht, Zank und Ungerechtigkeit. In der Welt sind des Fleisches und der Augen Lust und hoffärtiges Leben, die nicht vom Vater sind, sondern von der Welt.[94] Und „die reich werden wollen, die fallen in Versuchung und Verstrickung und in viele törichte und schädliche Begierden, welche die Menschen versinken lassen in Verderben und Verdammnis. Denn Geldgier ist eine Wurzel alles Übels"[95]. Menschen sind feindlich gesinnt in bösen Werken, in einer bösen Zeit.

> „Gnade sei mit euch und Friede von Gott, unserm Vater, und dem Herrn Jesus Christus, der sich selbst für unsre Sünden dahingegeben hat, dass er uns errette von dieser gegenwärtigen, bösen Welt nach dem Willen Gottes, unseres Vaters. Ihm sei Ehre von Ewigkeit zu Ewigkeit! Amen."[96]

Nach dem Willen Gottes sind wir errettet von der gegenwärtigen, bösen Welt. Mit dieser Aussage begann Paulus seinen Brief an die Galater und ganz Ähnliches schrieb er am Anfang des Briefes an Titus:

> „Paulus, Knecht Gottes und Apostel Jesu Christi, nach dem Glauben der Auserwählten Gottes und der Erkennt-

---

94 Vergleiche 1Joh 2,16
95 1Tim 6,9f
96 Gal 1,3-5

nis der Wahrheit, die der Frömmigkeit gemäß ist, in der Hoffnung auf das ewige Leben, das Gott, der nicht lügt, verheißen hat vor den Zeiten der Welt"[97].

Vor den Zeiten der Welt gab es bereits die Verheißung auf das ewige Leben, in deren Hoffnung wir heute in dieser gegenwärtigen, bösen Welt leben. Wir „warten auf die selige Hoffnung und Erscheinung der Herrlichkeit des großen Gottes und unseres Heilands, Jesus Christus, der sich selbst für uns gegeben hat, damit er uns erlöste von aller Ungerechtigkeit"[98].

„Niemand flickt einen Lappen von neuem Tuch auf ein altes Kleid; sonst reißt der neue Lappen vom alten ab und der Riss wird ärger. Und niemand füllt neuen Wein in alte Schläuche; sonst zerreißt der Wein die Schläuche, und der Wein ist verloren und die Schläuche auch; sondern man füllt neuen Wein in neue Schläuche."[99]

Lange Zeit war mir der Sinn dieser Worte Jesu in der Situation, in der er sie sprach, überhaupt nicht klar. Erst die Auslegung von Adolf Pohl innerhalb der Wuppertaler Studienbibel brachte mir eine sinnvolle Idee des Verständnisses.
„Mit den Worten von V.21 konnte etwa eine Mutter ihre Tochter belehren, mit dem folgenden Satz ein Vater seinen Sohn beim Einfüllen von Wein. Vater und Mutter hätten dann auch verallgemeinern können: Altes und Neues paßt nun einmal

---

97 Tit 1,1f
98 Tit 2,13f
99 Mk 2,21f

50

nicht zusammen! Beides verquicken wollen hat keinen Zweck und geht bestimmt schief."[100]

Es empfehle sich nicht, die Bildworte dabei unter das Mikroskop zu legen und zu sezieren, im Wein eine besondere Symbolik zu suchen oder im Gesamten einen Aufruf zur Fürsorge für das Alte zu sehen, sondern es gehe im Zusammenhang des tadelnden Klanges hinsichtlich des Alten vielmehr einfach „um die Unverträglichkeit des besseren Neuen mit dem schlechteren Alten"[101]. Angesichts der Situation, in der Jesus diese Worte sagt, wird deutlich, dass er darauf anspielt, dass sein ewiges Reich schlicht und ergreifend nicht in diese vergängliche Welt passt. Nach seiner Auferstehung steht deshalb auch bis zu seiner Wiederkehr, bis wir einen neuen Himmel und eine neue Erde sehen, eine Fastenzeit an.

„Das Evangelium fügt sich Weltverbesserungsprogrammen nicht ein, weil es zu radikal ist. So wartet Gottes Volk auf Gottes Welt von Offb 21. Dahinein wird es endlich passen. Bis dahin muß es irgendwie ‚nackt' oder in ‚Fremdlingsschaft' existieren. Ohne dieses ‚Fasten' kann es seine Freiheit nicht haben."[102]

Vielleicht ist es also naheliegenderweise die Unverträglichkeit des besseren Neuen mit dem schlechteren Alten, deretwegen Gott nicht auf Dauer mit dieser Welt plant. Für mich macht das im Gesamtzusammenhang Sinn, aber wissen kann ich es nicht.

Friede sei mit uns „von Gott, unserm Vater, und dem Herrn Jesus Christus, der sich selbst für unsre Sünden da-

---

100 Wuppertaler Studienbibel, Pohl, Markus, 138
101 Ebenda
102 Ebenda, 139

hingegeben hat, dass er uns errette von dieser gegenwärtigen, bösen Welt nach dem Willen Gottes, unseres Vaters."[103]

Das Gnadenjahr des Herrn, das Sterben und Auferstehen Jesu, ereignete sich nach dem Willen Gottes. Nach Jesu Auferstehung musste der Himmel ihn „aufnehmen bis zu den Zeiten, in denen alles wiederhergestellt wird, wovon Gott geredet hat durch den Mund seiner heiligen Propheten von Anbeginn"[104]. Und auch zuvor handelte Jesus nicht aus sich heraus, sondern folgte dem Plan Gottes, wie er selbst sagte: „der Vater, der mich gesandt hat, der hat mir ein Gebot gegeben, was ich tun und reden soll. Und ich weiß: Sein Gebot ist das ewige Leben"[105]. Mit Paulus leben wir seither „in der Hoffnung auf das ewige Leben, das Gott, der nicht lügt, verheißen hat vor den Zeiten der Welt"[106].

Es ist der Plan Gottes, es sind unerforschliche Wege, denen er folgt. Paulus schreibt an Titus:

„Als aber erschien die Freundlichkeit und Menschenliebe Gottes, unseres Heilands, machte er uns selig – nicht um der Werke willen, die wir in Gerechtigkeit getan hätten, sondern nach seiner Barmherzigkeit – [...], damit wir [...] Erben seien nach der Hoffnung auf ewiges Leben."[107]

---

103 Gal 1,3f
104 Apg 3,21
105 Joh 12,49f
106 Tit 1,2
107 Tit 3,4f.7

Gott geht den Weg, den er geht, und zwar nicht, weil er jemandem etwas vergelten müsste, sondern weil er will, aus Barmherzigkeit. Und es ist ein guter Weg, auch wenn ich Mensch vieles nicht verstehe, ganz einfach, *weil Gott etwas Besseres für uns vorgesehen hat.*

„Denn Gott war in Christus und versöhnte die Welt mit ihm selber und rechnete ihnen ihre Sünden nicht zu und hat unter uns aufgerichtet das Wort von der Versöhnung."[108]

Das Evangelium ist Versöhnung mit Gott, die in der ewigen Gemeinschaft mit ihm ihre Vollendung findet. Und wünschenswert sind nach Paulus „erleuchtete Augen des Herzens, damit ihr erkennt, zu welcher Hoffnung ihr von ihm berufen seid, wie reich die Herrlichkeit seines Erbes für die Heiligen ist und wie überschwänglich groß seine Kraft an uns ist, die wir glauben durch die Wirkung seiner mächtigen Stärke. Mit ihr hat er an Christus gewirkt"[109].

„Denn siehe, ich will einen neuen Himmel und eine neue Erde schaffen, dass man der vorigen nicht mehr gedenken und sie nicht mehr zu Herzen nehmen wird. Freuet euch und seid fröhlich immerdar über das, was ich schaffe."[110]

---

108 2Kor 5,19
109 Eph 1,18-20
110 Jes 65,17f

Und Petrus ist sich sicher: „[…] ihr werdet euch aber freuen mit unaussprechlicher und herrlicher Freude, wenn ihr das Ziel eures Glaubens erlangt, nämlich der Seelen Seligkeit"[111].

---

111 1Petr 1,8f

Neue Heimat und Gegenwart –
Befreiend, sättigend und fruchtbar

Das Ziel ist noch nicht erreicht. Wir sind auf dem Weg, inmitten der gegenwärtigen, bösen und vergänglichen Welt. „Denn wir sind gerettet auf Hoffnung hin."[112] Doch wenngleich der eigentliche Zielpunkt des Evangeliums im ewigen Reich Gottes zu finden ist, das wiederum mit dieser vergänglichen Welt nicht zusammenpasst, verbirgt diese Zukunftshoffnung nicht nur ein unglaubliches Geschenk, das uns am Ende erwartet, es ist bereits heute das größte Geschenk überhaupt. Bisher habe ich im Wesentlichen vom Evangelium an sich gesprochen, nun ist es an der Zeit, mich der gegenwärtigen Macht zu widmen, die in dieser frohen Botschaft liegt.

Gegenwärtige Freiheit dank neuer Heimat

Wie anfangs schon erwähnt, habe ich bereits vor Jahren begonnen, mich mit der Frage zu beschäftigen, wieso Paulus nach seiner Umkehr so leben konnte, wie er es tat. Den Korinthern schrieb er:

> „Denn obwohl ich frei bin von jedermann, habe ich doch mich selbst jedermann zum Knecht gemacht, auf dass ich möglichst viele gewinne."[113]

---

112 Röm 8,24
113 1Kor 9,19

Selbstlos stellte sich Paulus in den Dienst seiner Mitmenschen. Kompromisslos nahm er natürlich seine Aufgabe, die Ausbreitung des Evangeliums, an, aber seine Selbstlosigkeit spiegelte sich darüber hinaus in seinem gesamten Leben und Handeln wieder. In der Auseinandersetzung mit der Thematik des Götzenopferfleischs[114] und ob man es essen dürfe, vertrat er zum Beispiel die klare Ansicht, dass es ihn nicht vor Gottes Gericht bringen würde, wenn er es äße, es im Grunde also egal sei, aber dass er, wenn es seinem Bruder schaden würde, um dessentwillen jederzeit darauf verzichten würde. Die Zukunftsperspektive seiner Predigt muss also etwas beinhalten, das unmittelbare Auswirkungen auf sein Leben hatte. Der Gemeinde in Philippi schrieb er:

„Ich kann niedrig sein und kann hoch sein; mir ist alles und jedes vertraut: beides, satt sein und hungern, beides, Überfluss haben und Mangel leiden; ich vermag alles durch den, der mich mächtig macht."[115]

Oder in der Apostelgeschichte ist zu lesen, wie Paulus zusammen mit Silas im Gefängnis saß, dabei aber nicht den Kopf in den Sand steckte, sondern Gott zu loben begann. Und als sich den beiden die Chance bot, von dort zu entfliehen, taten sie es

---

114 Götzenopferfleisch bezeichnet Fleisch aus Schlachtungen, in deren Zusammenhang ein Stück des geschlachteten Tieres ausdrücklich einer Gottheit gebracht und auf ihrem Altar verbrannt wurde. Auf den Verzehr dieses Fleisches zu verzichten, „hieß in einer griechischen Stadt wie Korinth praktisch auf jeden Fleischgenuß zu verzichten." Wuppertaler Studienbibel, de Boor, erster Korinther, 141.
115 Phil 4,12f

nicht, zugunsten des Aufsehers.[116] Paulus lebte nicht mehr für sich, machte sich zu jedermanns Knecht, während er andererseits dennoch davon sprach, frei zu sein.

Wie Paulus zu dieser Art der Lebensführung kommen konnte, ist im Grunde doch ganz einfach. Er hatte sich entschieden, seine Heimat zu verlegen, von der vergänglichen Welt ins ewige Reich Gottes:

„Wir aber sind Bürger im Himmel"[117].

Paulus wusste um den „Bau, von Gott erbaut, ein Haus, nicht mit Händen gemacht, das ewig ist im Himmel"[118]. In Verbindung mit der Überzeugung, „dass dieser Zeit Leiden nicht ins Gewicht fallen gegenüber der Herrlichkeit, die an uns offenbart werden soll"[119], konnte er im Blick auf sein irdisches Dasein völlige Gelassenheit entwickeln. Und da die Gerechtigkeit vor Gott, die für das himmlische Bürgerrecht erforderlich ist, durch Glaube Gültigkeit erlangt und nicht durch das Befolgen von Geboten, konnte er uneingeschränkt von Freiheit sprechen. Paulus hatte sich schlicht von der Welt befreit, er brauchte sie und das Leben in ihr nicht mehr.

Er begehrte sehr, „den Leib zu verlassen und daheim zu sein bei dem Herrn"[120], er hatte „Lust, aus der Welt zu

---

116 Vergleiche Apg 16,23-40
117 Phil 3,20
118 2Kor 5,1
119 Röm 8,18
120 2Kor 5,8

scheiden und bei Christus zu sein, was auch viel besser wäre"[121].

Angesichts der unaussprechlichen Herrlichkeit des Reiches Gottes, um deren Hoffnung Paulus stetig kämpfte, sowie seines Wissens um den Zustand der gegenwärtigen Welt, halte ich diese Sichtweise für sehr nachvollziehbar. Wer hält sich schon freiwillig und unnötig lang an einem Ort auf, wenn er die Möglichkeit hat, an einen besseren zu gehen? So sehr Paulus nun aber Lust hatte, diesen Ortswechsel zu vollziehen, war es für ihn sicherlich auch außer Frage, denselben eigenständig vorzunehmen. Als Kind Gottes, mit himmlischem Bürgerrecht, wartend auf eine neue Erde, von derartiger Herrlichkeit, dass man der vorigen nicht mehr gedenken wird, brauchte Paulus die gegenwärtige Welt zwar nicht mehr und hätte sie gerne sofort gen Himmel verlassen, genauso gut konnte er aber auch getrost in ihr weiterleben. Getrost einerseits wegen der Perspektive, getrost andererseits aufgrund des Heiligen Geistes.

"Der uns aber dazu bereitet hat, das ist Gott, der uns als Unterpfand den Geist gegeben hat. So sind wir denn allezeit getrost und wissen: Solange wir im Leibe wohnen, weilen wir fern von dem Herrn; denn wir wandeln im Glauben und nicht im Schauen. Wir sind aber getrost und begehren sehr, den Leib zu verlassen und daheim zu sein bei dem Herrn."[122]

Fern vom Herrn, wandelnd im Glauben, mit dem Geist als Anzahlung. "'Pfand' und 'Anzahlung' sind noch nicht die volle

---

121 Phil 1,23
122 2Kor 5,5-8

Summe, sondern nur ein kleiner Teil davon; aber sie garantieren uns, daß wir die ganze Summe erhalten werden. Der Geist Gottes in unsern Herzen ist schon ‚ewiges Leben', aber nur in seinem ersten Anfang."[123]

Paulus fand in seinem Glauben an Gott aufgrund des Evangeliums vom Reich Gottes zur Freiheit. In der tiefen Hoffnung auf die Ewigkeit, erfüllt vom Heiligen Geist, relativierte sich für Paulus die Bedeutung dessen, was die gegenwärtige Welt zu bieten hat, nicht nur, sie verschwamm vielmehr vollkommen. „Denn wir haben nichts in die Welt gebracht; darum können wir auch nichts hinausbringen"[124], so schrieb er im ersten Brief an Timotheus. Seine Hoffnung für seine Zeit in dieser Welt war, „dass frei und offen [...] Christus verherrlicht werde an meinem Leibe, es sei durch Leben oder durch Tod. Denn Christus ist mein Leben, und Sterben ist mein Gewinn"[125]. So gerne er die Welt vorzeitig verlassen hätte, so konsequent stellte er sich in den Dienst seines Herrn:

„Wenn ich aber weiterleben soll im Fleisch, so dient mir das dazu, mehr Frucht zu schaffen; [...] es ist nötiger, im Fleisch zu bleiben um euretwillen."[126]

„Da wir nun gerecht geworden sind durch den Glauben, haben wir Frieden mit Gott durch unsern Herrn Jesus Christus. Durch ihn haben wir auch den Zugang im Glau-

---

123 Wuppertaler Studienbibel, de Boor, zweiter Korinther, 121
124 1Tim 6,7
125 Phil 1,20f
126 Phil 1,22.24

ben zu dieser Gnade, in der wir stehen, und rühmen uns der Hoffnung auf die Herrlichkeit, die Gott geben wird."[127]

In der Versöhnung mit Gott, durch den Glauben, dank dem Herrn Jesus Christus, fand Paulus das, was es in der vergänglichen Welt nur zu finden lohnt, nämlich die Hoffnung der zukünftigen Herrlichkeit. Aufgrund dieser Hoffnung gab es nichts mehr in dieser Welt, das ihn gefangen nehmen konnte, deshalb war er frei. Damit besaß Paulus auch die Freiheit zum Verzicht und konnte sich ganz in den Dienst Gottes stellen, der ihn mit der Verkündigung des Evangeliums beauftragt hatte, zugunsten seiner Mitmenschen auf der Erde.

Die Perspektive der Ewigkeit befreite ihn in der Gegenwart, das ist die Macht der frohen Botschaft. Auch wenn Paulus es, wie er selbst sagte, noch nicht ergriffen hatte und er auch noch nicht vollkommen gewesen sei, entschlossen jagte er dem vorgesteckten Ziel, dem Siegespreis der himmlischen Berufung, nach.[128] Wenngleich er noch nicht am Ziel war und sich auf einer anstrengenden Strecke befand, die ihm keineswegs lieb war, so konnte er doch aus der Zukunftshoffnung heraus, an der er sich festmachte, getrost diese Strecke zurücklegen. Er wusste:

„Ich aber laufe nicht wie ins Ungewisse"[129].

Paulus kannte sein Ziel, er machte sich am Evangelium fest, deshalb konnte er seine Zeit im vergänglichen Leib gelassen in

127 Röm 5,1f
128 Vergleiche Phil 3,12-14
129 1Kor 9,26

Gottes Hand legen und das Leben nehmen wie es kam. Er hatte gelernt, sich genügen zu lassen und konnte sagen:

„[…] ich vermag alles durch den, der mich mächtig macht."[130]

Sicherlich war Paulus eine Art Ausnahmeerscheinung. Er durchlebte eine Wandlung vom extremen Judenverfolger hin zum nicht weniger engagierten Boten des Evangeliums, und das auch noch durch die Erfahrung seiner ganz persönlichen Begegnung mit Jesus, der ihn in seinen Dienst stellte. Nichtsdestotrotz oder gerade deswegen halte ich ihn aber für das biblische Paradebeispiel hinsichtlich der verändernden und befreienden Kraft des auf der frohen Botschaft vom kommenden Reich Gottes basierenden Glaubens an Gott. In Bedrängnis wusste er sich getröstet.[131] In Traurigkeit war er allezeit fröhlich, als Armer machte er viele reich und obwohl er nichts hatte, hatte er doch alles.[132]

Paulus war „gewiss, dass weder Tod noch Leben, weder Engel noch Mächte noch Gewalten, weder Gegenwärtiges noch Zukünftiges, weder Hohes noch Tiefes noch irgendeine andere Kreatur uns scheiden kann von der Liebe Gottes, die in Christus Jesus ist, unserm Herrn."[133]

In Bedrängnissen sah er Positives, denn schließlich bringen Bedrängnisse Geduld, Geduld wiederum Bewährung und Be-

---

130 Phil 4,13
131 Vergleiche 2Kor 4,16f
132 Vergleiche 2Kor 6,10
133 Röm 8,38f

währung letztlich Hoffnung.[134] Und er suchte nicht länger, was ihm, sondern was vielen diente, damit sie gerettet würden.[135] Paulus wusste sich ganz und gar geborgen in Christus:

„Ich lebe, doch nun nicht ich, sondern Christus lebt in mir. Denn was ich jetzt lebe im Fleisch, das lebe ich im Glauben an den Sohn Gottes, der mich geliebt hat und sich selbst für mich dahingegeben."[136]

Mit Christus gekreuzigt verabschiedete er sich innerlich von dieser Welt und zog „den neuen Menschen an, der nach Gott geschaffen ist in wahrer Gerechtigkeit und Heiligkeit"[137]. In Christus wurde er eine neue Kreatur, das Alte war vergangen, Neues war geworden.[138] Inwendig erneuert, lebte Paulus im alten, vergänglichen Leib in der genauso vergänglichen Welt. Und das war, wie er im siebten Kapitel des Römerbriefs mit Blick auf sich selbst beschrieb, kein perfektes, fehlerfreies Dasein, aber eben stets eines in der Gewissheit, die er auch Timotheus gegenüber zum Ausdruck brachte:

„Der Herr aber wird mich erlösen von allem Übel und mich retten in sein himmlisches Reich."[139]

Und auf genau diese befreiende Weise kam die Kraft des Evangeliums unmittelbar in der Gegenwart bei Paulus zum Ausdruck.

---

134 Vergleiche Röm 5,3-5
135 Vergleiche 1Kor 10,33
136 Gal 2,20
137 Eph 4,24
138 Vergleiche 2Kor 5,17
139 2Tim 4,18

Dauerhafte Stillung des Hungers

Als Jesus dem Gelähmten die Sünden vergab, kann er doch ei
gentlich nichts anderes im Sinn gehabt haben als eben das Geschenk himmlischer Zukunft und gegenwärtiger Freiheit. Anders als die Heilung des vergänglichen Leibes von einer konkreten Krankheit, bringt die Versöhnung mit Gott zum einen
ewiges Leben und damit zum anderen bereits in der vergänglichen Welt innere Freiheit von allem, was diese Welt zu bieten
hat:

> „In der Welt habt ihr Angst; aber seid getrost, ich habe die
> Welt überwunden."[140]

Das ist es, was Jesus seinen Jüngern mit auf deren Weg gab.

> „Auch ihr habt nun Traurigkeit; aber ich will euch wieder-
> sehen, und euer Herz soll sich freuen, und eure Freude
> soll niemand von euch nehmen. Und an jenem Tage [des
> Wiedersehens] werdet ihr mich nichts fragen."[141]

In der Traurigkeit dieser Welt gibt es Grund zur Freude, denn
abgesehen davon, dass das Ende dieser Welt kommen wird,
bringt bereits die Auferstehung Jesu zu Ostern „die göttliche
Antwort auf die wesentlichen Fragen unseres Lebens. [...] Alle
Fragen um unser Sterben sind hier überwunden. [...] Und wer
dorthin seinen Blick fest gerichtet hält, für den verlieren auch
viele quälende Fragen seines Lebens ihre Macht; er wird

---

140 Joh 16,33
141 Joh 16,22f

still"[142]. Im Blick auf das Evangelium vom Reich Gottes kann ich nur sprachlos vor Jesus stehen, sprachlos vor Freude. Das Evangelium ist schon heute Grund zur Freude und zwar weil es eben verheißt, dass es beim Heute nicht bleibt und Gott Besseres für uns bereithält.

> „Jesus aber sprach zu ihnen: Ich bin das Brot des Lebens. Wer zu mir kommt, den wird nicht hungern; und wer an mich glaubt, den wird nimmermehr dürsten. [...] Ich bin das lebendige Brot, das vom Himmel gekommen ist. Wer von diesem Brot isst, der wird leben in Ewigkeit."[143]

Im Evangelium vom Reich Gottes verbirgt sich Sättigung, die den Lebenshunger dauerhaft zu stillen vermag. In der Erwartung himmlischer Herrlichkeit, die diese Welt völlig in den Schatten stellen wird, ist es nicht mehr nötig, vergänglichen Leckerbissen nachzujagen. Es tut nicht mehr Not, sich an den Dingen dieser Welt sattzusehen, wenn man angesichts der zukünftigen Welt bereits gesättigt ist.

Als Jesus in Sychar, einer Stadt Samariens, an Jakobs Brunnen einer Samariterin begegnete, erklärte er ihr im Blick auf den Brunnen:

> „Wer von diesem Wasser trinkt, den wird wieder dürsten; wer aber von dem Wasser trinkt, das ich ihm gebe, den wird in Ewigkeit nicht dürsten, sondern das Wasser, das ich ihm geben werde, das wird in ihm eine Quelle des Wassers werden, das in das ewige Leben quillt."[144]

---

142 Wuppertaler Studienbibel, de Boor, Johannes (2. Teil), 148
143 Joh 6,35.51
144 Joh 4,13f

Dieses von Jesus erwähnte Wasser war „schon im AT zum Gleichnis geworden für das quellende und belebende Heil Gottes. [...] Durch Jesu Gabe ist in uns selbst eine Quelle geschenkt, die jetzt schon ewiges Leben hervorsprudelt"[145]. Das Evangelium vom Reich Gottes hat also darin seine sättigende Wirkung für die Gegenwart, dass es ewiges Leben nicht erst mit dem Sterben des vergänglichen Leibes bringt, sondern inwendig bereits unmittelbar.

> „Darum: Ist jemand in Christus, so ist er eine neue Kreatur; das Alte ist vergangen, siehe, Neues ist geworden."[146]

Das Evangelium ist deshalb bereits heute Grund zur Freude, weil es durch seine Kraft, die am inwendigen Menschen zur Entfaltung kommt, durch das Verinnerlichen des ewigen Königs, den gegenwärtigen Lebenshunger unmittelbar vollständig und dauerhaft zu stillen vermag. Jedoch nicht durch vergängliches Futter, sondern durch bleibendes:

> „Frieden lasse ich euch, meinen Frieden gebe ich euch. Nicht gebe ich euch, wie die Welt gibt. Euer Herz erschrecke nicht und fürchte sich nicht."[147]

Das Evangelium vom Reich Gottes birgt, obwohl es Zukunftsperspektive ist, unfassbare Kraft für die Gegenwart und zwar eben weil es eine so großartige Zukunftsperspektive ist. Weil ich hoffen kann, dass auf mich eine neue, herrliche Welt wartet, die der gegenwärtigen nicht mehr gedenken lassen wird, kann

---

145 Wuppertaler Studienbibel, de Boor, Johannes (1.Teil), 134f
146 2Kor 5,17
147 Joh 14,27

ich heute befreit und getrost leben, selbst wenn es die Umstände erschweren oder vielleicht auch gar nicht zulassen wollen. Und weil ich mich damit quasi innerlich bereits von dieser Welt verabschiede und das neue Leben beginne, kann ich auf diese Weise sogar umgekehrt als Nebeneffekt einen Hauch vom Reich Gottes in diese Welt bringen und sie dadurch verändern.

„Denn Gott, der da sprach: Licht soll aus der Finsternis hervorleuchten, der hat einen hellen Schein in unsre Herzen gegeben, dass die Erleuchtung entstünde zur Erkenntnis der Herrlichkeit Gottes in dem Angesicht Jesu Christi."[148]

Jesus sprach:

„Ich bin gekommen, damit sie das Leben haben und volle Genüge. Ich bin der gute Hirte. Der gute Hirte lässt sein Leben für die Schafe."[149]

Jesus ließ sein Leben, um uns Leben zu schenken. Jedoch verbergen sich Erfüllung und volle Genüge dieses Lebens in der gegenwärtigen Welt nicht in der Veränderung von Umständen, sondern in der Veränderung der Ausrichtung und Perspektive.

Von einem weisen Mann hörte ich vor vielen Jahren in einer Predigt einen Gedanken dazu, was den Aufrührer und Mörder Barabbas für das Volk gegenüber Jesus attraktiver machte, als Herodes einen von beiden nach Wahl des Volkes freigeben

---

148 2Kor 4,6
149 Joh 10,10f

wollte.[150] Die Programmatik des Barabbas sei gewesen, dass sich die Umstände ändern müssten, damit sich die Menschen ändern können. Jesus dagegen vertrat das genaue Gegenteil: Ändert sich der Mensch, dann ändern sich die Umstände von ganz alleine. Die erste Ansicht ist die bequemere, aber die zweite ist eben die erheblich bessere. Genau darin liegt nämlich die Macht des Evangeliums für die gegenwärtige Welt. Nicht nur, dass erfülltes Leben auch in widrigsten Umständen möglich ist, weil die Erfüllung mit den Umständen nichts zu tun hat, darüber hinaus kann von der großartigen Zukunftshoffnung geprägtes Leben eben Veränderung von Umständen bewirken. Und weil die eigenen Umstände im Lichte des ewigen Lebens relativ unbedeutend sind, macht es nicht einmal etwas aus, wenn es diese nicht sein sollten, die sich ändern.

„Als wir unmündig waren, waren wir geknechtet unter die Mächte der Welt. Als aber die Zeit erfüllt war, sandte Gott seinen Sohn, geboren von einer Frau und unter das Gesetz getan, auf dass er die, die unter dem Gesetz waren, loskaufte, damit wir die Kindschaft empfingen. Weil ihr nun Kinder seid, hat Gott den Geist seines Sohnes gesandt in unsre Herzen, der da ruft: Abba, lieber Vater! So bist du nun nicht mehr Knecht, sondern Kind; wenn aber Kind, dann auch Erbe durch Gott."[151]

Wer an den Herrn Jesus Christus glaubt, der ist aus der Knechtschaft der Mächte der Welt befreit und als Gottes Kind auch Erbe seines Reiches.

---

150 Siehe Lk 23,13-25
151 Gal 4,3-7; Vergleiche Röm 8,14-17

Treue Begleitung in einer Zeit des Fastens

Wie es Jesus angekündigt hat, steht bis zum vollumfänglichen Antritt des Erbes aber noch eine Zeit des Fastens an, nämlich die Zeit seiner Abwesenheit. Die Zeit, in der den geladenen Hochzeitsgästen der Bräutigam genommen ist.[152] Es ist die gegenwärtige Zeit, in der uns von Gott jedoch ein Tröster gegeben ist, nämlich der Geist der Wahrheit, durch welchen wiederum Jesus bei uns ist, obwohl er nicht bei uns ist.[153] Jesus hatte es seinen Jüngern versprochen:

„Ich will euch nicht als Waisen zurücklassen; ich komme zu euch. [...] Ihr aber seht mich, denn ich lebe, und ihr sollt auch leben.“[154] „Wenn aber jener kommt, der Geist der Wahrheit, wird er euch in aller Wahrheit leiten. [...] Er wird mich verherrlichen; denn von dem Meinen wird er's nehmen und euch verkündigen.“[155]

Mit dieser Gegenwart Jesu im Leben des Glaubenden beginnt die innere Quelle ewigen Lebens unmittelbar zu sprudeln und kann das Reich Gottes schon heute in Ansätzen spürbar werden. Wenn Jesus im Geist der Wahrheit bei mir ist, dann bin ich da, wo Jesus ist, und damit verlasse ich innerlich diese Welt. Denn Jesus sprach: „Mein Reich ist nicht von dieser Welt“[156]. Daran erinnerte auch Paulus am Anfang seines Briefes an die Kolosser:

---

152 Vergleiche Mk 2,20
153 Vergleiche Joh 14,16f
154 Joh 14,18f
155 Joh 16,13f
156 Joh 18,36

„Mit Freuden sagt Dank dem Vater, der euch tüchtig gemacht hat zu dem Erbteil der Heiligen im Licht. Er hat uns errettet aus der Macht der Finsternis und hat uns versetzt in das Reich seines geliebten Sohnes, in dem wir die Erlösung haben, nämlich die Vergebung der Sünden."[157]

Wir sind als Erben eingesetzt, wir sind bereits mit Gott versöhnt und als derart erlöste Menschen sind wir auch bereits versetzt in das Reich Gottes. Wir haben das himmlische Bürgerrecht, aber wie es Paulus eben auch sagte:

„Denn wir sind gerettet auf Hoffnung hin. Die Hoffnung aber, die man sieht, ist nicht Hoffnung; denn wie kann man auf das hoffen, was man sieht? Wenn wir aber auf das hoffen, was wir nicht sehen, so warten wir darauf in Geduld."[158]

Die volle Erbschaft steht noch aus, sie lässt noch auf sich warten und uns verweilen in unserem irdischen Haus, seufzend und voller Sehnsucht.

„Denn wir wissen, dass die ganze Schöpfung bis zu diesem Augenblick seufzt und in Wehen liegt. Nicht allein aber sie, sondern auch wir selbst, die wir den Geist als Erstlingsgabe haben, seufzen in uns selbst und sehnen uns nach der Kindschaft, der Erlösung unseres Leibes."[159]

---

157 Kol 1,11-14
158 Röm 8,24f
159 Röm 8,22f; Vergleiche 2Kor 5,1-5

Im zweiten Korintherbrief schrieb Paulus in seiner Antwort hinsichtlich dieses einerseits zwar erlösten, andererseits jedoch wartenden, seufzenden und sehnsüchtigen Daseins: „Der uns aber dazu bereitet hat, das ist Gott, der uns als Unterpfand den Geist gegeben hat"[160]. Und eben diesen Brief begann er auch bereits mit genau diesem Thema:

> „Gott ist's aber, der uns fest macht samt euch in Christus und uns gesalbt hat und versiegelt und in unsre Herzen als Unterpfand den Geist gegeben hat."[161]

Gott lässt uns in dieser Welt nicht allein zurück, auch nicht lediglich mit seiner Verheißung eines ewigen Reiches. Nein, er gibt uns als Unterpfand, als Anzahlung, seinen Heiligen Geist, durch den er uns unmittelbar in sein Reich versetzt.

Im Brief an die Epheser ging Paulus sogar noch einen Schritt weiter:

> „In ihm [Jesus Christus] seid auch ihr, die ihr das Wort der Wahrheit gehört habt, nämlich das Evangelium von eurer Rettung – in ihm seid auch ihr, als ihr gläubig wurdet, versiegelt worden mit dem Heiligen Geist, der verheißen ist, welcher ist das Unterpfand unsres Erbes, zu unsrer Erlösung, dass wir sein Eigentum würden zum Lob seiner Herrlichkeit."[162]

Mit dem Glauben an Jesus Christus erfolgt die Versiegelung mit dem Heiligen Geist, wodurch die Königsherrschaft Jesu

---

160 2Kor 5,5
161 2Kor 1,21f
162 Eph 1,13f

Christi über den Gläubigen beginnt und zwar zum Lob seiner Herrlichkeit.

> „Als aber erschien die Freundlichkeit und Menschenliebe Gottes, unseres Heilands, machte er uns selig [...] durch das Bad der Wiedergeburt und Erneuerung im Heiligen Geist, den er über uns reichlich ausgegossen hat durch Jesus Christus, unsern Heiland, damit wir, durch dessen Gnade gerecht geworden, Erben seien nach der Hoffnung auf ewiges Leben. Das ist gewisslich wahr."[163]

Im Glauben findet in der Versiegelung mit dem Heiligen Geist durch Gott bereits unmittelbar gegenwärtig Wiedergeburt und Erneuerung statt.

> „Oder wisst ihr nicht, dass alle, die wir auf Christus Jesus getauft sind, die sind in seinen Tod getauft? So sind wir ja mit ihm begraben durch die Taufe in den Tod, auf dass, wie Christus auferweckt ist von den Toten durch die Herrlichkeit des Vaters, so auch wir in einem neuen Leben wandeln."[164]

So schreibt Paulus an die Römer und bringt die Spannung, die sich aus der unmittelbar erfolgenden inneren Erneuerung hinsichtlich der unverändert vergänglichen Welt ergibt, nur wenig später auf den Punkt:

> „Denn ich habe Freude an Gottes Gesetz nach dem inwendigen Menschen. Ich sehe aber ein anderes Gesetz in mei-

---

163 Tit 3,4-8
164 Röm 6,3f

nen Gliedern, das widerstreitet dem Gesetz in meinem Verstand und hält mich gefangen im Gesetz der Sünde, das in meinen Gliedern ist. Ich elender Mensch! Wer wird mich erlösen von diesem Leib des Todes? Dank sei Gott durch Jesus Christus, unsern Herrn! So diene ich nun mit dem Verstand dem Gesetz Gottes, aber mit dem Fleisch dem Gesetz der Sünde."[165]

Im Glauben findet direkt Verwandlung statt, der Umzug ins Reich Gottes wird innerlich bereits vollzogen. Doch die Vollendung, die Erlösung vom todverfallenen Leib, die steht noch aus. Die Perspektive allerdings, die das Evangelium, die Botschaft vom kommenden, herrlichen Reich Gottes, dessen Bürgerrecht bereits gesichert ist, dem Glaubenden bietet, sowie die Anwesenheit Jesu durch den Heiligen Geist lassen die Zeit bis dahin aber mindestens erträglich werden. Im alten Leben wandelt der Glaubende bereits im neuen. Und für das Ende dürfen wir aufgrund dieser Wiedergeburt zu lebendiger Hoffnung bereits heute darauf vertrauen:

„Dann werdet ihr euch freuen, die ihr jetzt eine kleine Zeit, wenn es sein soll, traurig seid in mancherlei Anfechtungen, [...]; ihr werdet euch aber freuen mit unaussprechlicher und herrlicher Freude, wenn ihr das Ziel eures Glaubens erlangt, nämlich der Seelen Seligkeit. [...] Darum umgürtet eure Lenden und stärkt euren Verstand, seid nüchtern und setzt eure Hoffnung ganz auf die Gnade, die euch dargeboten wird in der Offenbarung Jesu Christi."[166]

---

165 Röm 7,22-25
166 1Petr 1,6.8f.13

„Der Gott aller Gnade aber, der euch berufen hat zu seiner ewigen Herrlichkeit in Christus, der wird euch, die ihr eine kleine Zeit leidet, aufrichten, stärken, kräftigen, gründen."[167]

„Meine Lieben, wir sind schon Gottes Kinder; es ist aber noch nicht offenbar geworden, was wir sein werden. Wir wissen: Wenn es offenbar wird, werden wir ihm gleich sein; denn wir werden ihn sehen, wie er ist."[168]

„So seid nun geduldig, Brüder und Schwestern, bis zum Kommen des Herrn."[169]

„Ihr aber, meine Lieben, baut euer Leben auf eurem allerheiligsten Glauben und betet im Heiligen Geist und bewahrt euch in der Liebe Gottes und wartet auf die Barmherzigkeit unseres Herrn Jesus Christus zum ewigen Leben."[170]

Das Reich Gottes ist noch nicht da, aber es gibt neben der Verheißung bereits eine Anzahlung. Was es nun in dieser kleinen, unter Umständen traurigen Zeit in der vergänglichen Welt braucht, ist ein Festhalten an dieser Hoffnung, ein bewusstes Ausrichten in diese Richtung, Nüchternheit, Erbauung, Gebet, gegenseitige Erhaltung und geduldiges Warten, mit der Unterstützung des Gottes aller Gnade, der durch den Heiligen Geist aufrichtet, stärkt, kräftigt und gründet.

---

167 1Petr 5,10
168 1Joh 3,2
169 Jak 5,7
170 Jud 20f

„Er aber, unser Herr Jesus Christus, und Gott, unser Vater,
der uns geliebt und uns einen ewigen Trost gegeben hat
und eine gute Hoffnung durch Gnade, der tröste eure Herzen und stärke euch in allem guten Werk und Wort."[171]

Die frohe Botschaft vom Reich Gottes ist nun die gute Hoffnung durch Gnade, wir haben einen ewigen Trost. Wie bereits
erwähnt, birgt die Macht des Evangeliums durch den unmittelbaren inneren Umzug für den Gläubigen jedoch nicht nur die
äußerst befreiende Relativierung der Umstände der Gegenwart, sondern eben auch enormes Veränderungspotenzial hinsichtlich dieser Umstände. Ganz selbstverständlich hatte
Glaube für Paulus auch sehr viel mit gutem Werk und Wort zu
tun, wozu Gott den Glaubenden stärkt. Der Empfang des Heiligen Geistes im Glauben, die Inbesitznahme des Erbes, beinhaltet, „dass wir sein Eigentum würden zum Lob seiner Herrlichkeit"[172] und „in einem neuen Leben wandeln"[173]. Innerlich erneuert und von der Knechtschaft des Vergänglichen befreit, im
ewigen Reich Jesu unter seiner Herrschaft lebend, kann es für
den Glaubenden logischerweise nur um das Bestreben einer
Neuausrichtung auch in der gegenwärtigen Welt gehen.

„Wir sind doch der Sünde gestorben. Wie können wir noch
in ihr leben? […] So lasst nun die Sünde nicht herrschen in
eurem sterblichen Leibe, und leistet seinen Begierden kei-

---

171 2Thess 2,16f
172 Eph 1,14
173 Röm 6,4

nen Gehorsam. Auch gebt nicht der Sünde eure Glieder hin als Waffen der Ungerechtigkeit, sondern gebt euch selbst Gott hin als solche, die tot waren und nun lebendig sind, und eure Glieder Gott als Waffen der Gerechtigkeit."[174]

„Und stellt euch nicht dieser Welt gleich, sondern ändert euch durch Erneuerung eures Sinnes, auf dass ihr prüfen könnt, was Gottes Wille ist, nämlich das Gute und Wohlgefällige und Vollkommene."[175]

Wie sollte sich also der Glaubende in der gegenwärtigen und vergänglichen Welt zum Knecht derselben machen wollen, sich ihren Mächten und Zielen unterwerfen, wenn er doch weiß, dass danach etwas unvergleichlich Besseres kommt, in dem er innerlich sogar bereits lebt? Wenn ich doch schon Kind eines Königs bin, dem nichts mehr am Herzen liegt, als mit mir zusammen zu sein, kann ich doch eigentlich gar nichts anderes wollen, als diesem König nachzufolgen, zu dienen, nach seinem Willen zu fragen, und zwar in jeglicher Hinsicht schon jetzt in der Gegenwart.

„Denn von ihm und durch ihn und zu ihm sind alle Dinge. Ihm sei Ehre in Ewigkeit! Amen."[176]

Wenn Paulus im Anschluss an diese Worte die Glaubenden in Rom dazu ermahnte, ihre Leiber hinzugeben „als ein Opfer, das lebendig, heilig und Gott wohlgefällig sei"[177] und dabei

---

174 Röm 6,2.12f
175 Röm 12,2
176 Röm 11,36
177 Röm 12,1

von vernünftigem Gottesdienst sprach, dann ging es ihm dabei um die Erinnerung an das, was angesichts der Barmherzigkeit Gottes und der sich daraus ergebenden Perspektive eigentlich nur die automatische, folgerichtige und vernünftige Konsequenz im Leben des Glaubenden sein kann. Etwas anderes macht im Blick auf das Evangelium vom Reich Gottes gar keinen Sinn. Aus Gnade selig geworden durch Glauben sind wir Gottes „Werk, geschaffen in Christus Jesus zu guten Werken, die Gott zuvor bereitet hat, dass wir darin wandeln sollen"[178]. Und weil dies immer in der Spannung zwischen innerem Neuen und äußerem Alten steht, schrieb Paulus den Ephesern:

> „Deshalb beuge ich meine Knie vor dem Vater [...], dass er euch Kraft gebe nach dem Reichtum seiner Herrlichkeit, gestärkt zu werden durch seinen Geist an dem inwendigen Menschen, dass Christus durch den Glauben in euren Herzen wohne. Und ihr seid in der Liebe eingewurzelt und gegründet"[179].

Wenn der Geist stark wird am inwendigen Menschen und Christus in mir wohnt, dann bin ich unweigerlich in der Liebe eingewurzelt und gegründet. Das Evangelium vom Reich Gottes kann also gar nicht nur Zukunftsperspektive und Trost sein, es bringt unweigerlich unmittelbare Veränderung mit sich; Veränderung des Glaubenden selbst und dadurch Veränderung der Umstände, nach dem Willen Gottes wohlgemerkt.

> „Eins aber sage ich: Ich vergesse, was dahinten ist, und strecke mich aus nach dem, was da vorne ist, und jage

---

178 Eph 2,10
179 Eph 3,14.16f

nach dem vorgesteckten Ziel, dem Siegespreis der himmlischen Berufung Gottes in Christus Jesus. Wie viele nun von uns vollkommen sind, die lasst uns so gesinnt sein. [...] Wir aber sind Bürger im Himmel"[180].

Paulus wusste um das Ziel, um seine Heimat, er wusste darum, dass ihn dort so viel Besseres erwartete, als ihm die vergängliche Welt jemals hätte bieten können. Und wenn er hier von Vollkommenheit sprach, dann meinte er damit die Gewissheit, das himmlische Bürgerrecht im Glauben aus Gnade bereits zu haben und sich nicht weiter erarbeiten oder verdienen zu müssen. Diese Art von Vollkommenheit stellte er seiner Unvollkommenheit hinsichtlich der Erkenntnis Christi gegenüber, welcher er nun eben in freudiger Unermüdlichkeit nachjagte.[181] Er streckte sich aus nach dem Ziel, ob er es wohl ergreifen könnte, weil er von Christus ergriffen war.[182]

Das Vollkommensein, im Sinne vom Haben des himmlischen Bürgerrechts, hängt mit der Gesinnung, sich nach diesem Ziel auszustrecken und ihm nachzujagen, unweigerlich und logisch zusammen. An diesen Zusammenhang erinnerte er. Sich diesen Zusammenhang in der Spannung innerlicher Erneuerung in äußerlicher Vergänglichkeit nicht von irgendjemand oder irgendetwas nehmen zu lassen, sondern entsprechend zu leben, dazu ermahnte er.

---

180 Phil 3,13-15.20
181 Vergleiche Wuppertaler Studienbibel, de Boor, Philipper, 126f
182 Vergleiche Phil 3,12

„Als er [Jesus] aber von den Pharisäern gefragt wurde:
Wann kommt das Reich Gottes?, antwortete er ihnen und
sprach: Das Reich Gottes kommt nicht mit äußeren Zeichen; man wird auch nicht sagen: Siehe, hier!, oder: Da!
Denn sehet, das Reich Gottes ist mitten unter euch."[183]

Die Vorstellung der Pharisäer hinsichtlich des Reiches Gottes
entsprach der eines irdischen Weltreiches des Messias. Dass
mit Jesus der Repräsentant des Reiches Gottes vor ihnen stand,
erkannten sie nicht. „Den Pharisäern mußte Jesus in Erinnerung bringen, was sie nicht wußten: das geistliche Wesen des
Reiches."[184] Es bleibt „für die gläubigen Christen fest stehen,
daß die Gottesherrschaft ein Königreich ist, auf das wir zu warten haben. Das Kommen des Königreiches Gottes ist und bleibt
das große Ziel des Christenglaubens"[185].
Wenn Jesus nun den Pharisäern sagte, das Reich Gottes wäre
mitten unter ihnen, spricht vieles dafür, dass er meinte, in seiner Person und den Jüngern wäre es in ihrer Umgebung, in
ihrem Bereich. Aber erst mit der „Glaubensanerkennung der
Person Jesu geht dann Hand in Hand die Erfassung des innerlich geistlichen Charakters des Reiches Gottes"[186]. Einfach formuliert bedeutet das letztlich nichts anderes, als dass da, wo Jesus ist, auch das Reich Gottes ist. Wenn nun Jesus im Glauben
durch den Geist in mir wohnt, dann trage ich das Reich Gottes

---

183 Lk 17,20f
184 Wuppertaler Studienbibel, Rienecker, Lukas, 410
185 Ebenda
186 Ebenda

in mir. Und es geht darum, sich von diesem Geschenk packen zu lassen, um dann genau diesem Ziel nachzujagen, ob man es wohl ergreifen könnte.

„Seid ihr nun mit Christus auferweckt, so sucht, was droben ist, wo Christus ist, sitzend zur Rechten Gottes. Trachtet nach dem, was droben ist, nicht nach dem, was auf Erden ist. Denn ihr seid gestorben, und euer Leben ist verborgen mit Christus in Gott."[187]

Im Glauben an Jesus, aufgrund des Evangeliums vom Reich Gottes, kann diese Gesinnung des Nachjagens und Trachtens zur Entfaltung kommen, während dann wiederum in dieser Gesinnung das volle Potenzial des Evangeliums hinsichtlich der gegenwärtigen Welt zur Entfaltung kommen kann. Denn auf diese Weise kann das geistliche Wesen des Reiches in Jesus, durch den Geist im Glaubenden lebend, bereits in der vergänglichen, gegenwärtigen Welt spürbar werden.

„Jesus ist die gegenwärtige Begegnungsform des Reiches, [...]. Bei ihm umspielen uns die Kräfte des Geistes und des Friedens (Mt 11,5). Bei ihm und bei ihm allein! Das Reich Gottes ist noch nicht in breiter Front gekommen."[188] Mit Jesus „ergibt sich etwas Schwebendes: Das Reich berührt schon die Gegenwart, ohne daß seine Zukünftigkeit schon aufgehoben wäre"[189].

---

187 Kol 3,1-3
188 Wuppertaler Studienbibel, Pohl, Markus, 76
189 Ebenda

Das Evangelium vom Reich Gottes stellt den Glaubenden unter die Königsherrschaft Jesu, in seinem ewigen Reich. Dies geschieht gegenwärtig in einem geistlichen Wesen und zukünftig in vollkommener Herrlichkeit. Das himmlische Bürgerrecht unmittelbar vollkommen besitzend, kann es angesichts der gegebenen Perspektive für den Glaubenden nichts Vernünftigeres geben, als bereits in der Fremde der Erkenntnis des Reichtums der Herrlichkeit des Erbes in freudiger Unermüdlichkeit nachzujagen und zum Lob der Herrlichkeit Gottes zu leben. Und es handelt sich dabei in keiner Weise um ein Müssen, sondern um ein absolut logisches Wollen, aus freien Stücken. Jesus sprach:

„Wer zu mir kommt, den wird nicht hungern; und wer an mich glaubt, den wird nimmermehr dürsten."[190]

Bei Jesus ist der Lebenshunger vollständig gestillt, es gibt also gar kein Bedürfnis mehr, neben seiner Gegenwart etwas anderes zu suchen, völlig egal, was die gegenwärtige Welt auch bieten mag. Vielmehr folgt daraus für das Leben in dieser Welt eben die Freiheit, zum Lob der Herrlichkeit Gottes leben zu können.

„Denn ihr wart früher Finsternis; nun aber seid ihr Licht in dem Herrn. Wandelt als Kinder des Lichts; die Frucht des Lichts ist lauter Güte und Gerechtigkeit und Wahrheit."[191]

Diese Aufforderung des Paulus an die Epheser, als Kinder des Lichts zu leben, hat nichts mit einer verpflichtenden Gegenleis-

---

190 Joh 6,35
191 Eph 5,8f

tung zu tun, sondern mit einer unvermeidbaren Veranlagung: Wie kann ich, wenn ich Licht bin, nicht auch Licht sein wollen?

Einige Verse weiter schrieb Paulus:

> „So seht nun sorgfältig darauf, wie ihr euer Leben führt, nicht als Unweise, sondern als Weise, und kauft die Zeit aus, denn die Tage sind böse."[192]

Nach Eberhard Hahn ist das Auskaufen der Zeit an dieser Stelle nicht auf Missionsaufgaben bezogen, vielmehr „soll das gesamte Leben der Christen von der Wachsamkeit und von der Orientierung auf das Ziel geprägt sein. [...] Letztlich wird an der Art ihres Verhaltens offenbar, ob sie sich auf den ‚Tag Christi' ausgerichtet haben und aufgrund solcher Hoffnung die ihnen zugemessene Zeit entschlossen gebrauchen, sie ‚auskaufen'"[193].

Die Art des Verhaltens und das entschlossene Nutzen der Zeit sollen auch hier nicht aus einem Zwang heraus geschehen, sondern resultierend aus weiser Ausrichtung aufgrund der Hoffnung auf den Tag der Wiederkunft Christi. Die Weisheit liegt dabei schlicht darin, auch als das zu leben, was man als Glaubender ist, nämlich als Kind des Lichts.

> „Alles, was ihr tut, das tut von Herzen als dem Herrn und nicht den Menschen, denn ihr wisst, dass ihr von dem Herrn als Lohn das Erbe empfangen werdet. Dient dem Herrn Christus!"[194]

---

192 Eph 5,15f
193 Wuppertaler Studienbibel, Hahn, Epheser, 146
194 Kol 3,23f

Im Wissen vom Erbe, das wir empfangen, und in der entsprechenden Ausrichtung auf den Tag, an dem wir es vollumfänglich empfangen werden, steckt die Freiheit zum Leben und Dienst unter der Herrschaft des Königs Jesus Christus.

Nicht umsonst hat Jesus selbst darauf hingewiesen:

> „Denn wer sein Leben erhalten will, der wird es verlieren; wer aber sein Leben verliert um meinetwillen, der wird's erhalten. Denn welchen Nutzen hätte der Mensch, wenn er die ganze Welt gewönne und verlöre sich selbst oder nähme Schaden an sich selbst?"[195]

„Das psychische Leben retten heißt, es so festhalten wollen, wie es ist, indem man es nur zu entwickeln und zu befriedigen sucht. Das aber ist das Mittel, es zu verlieren. Denn da will man es zu etwas Bleibendem machen, was seinem Wesen nach doch nur ein Durchgang ist."[196] Dagegen aufgrund des Evangeliums vom Reich Gottes an Gott zu glauben, dadurch das himmlische Bürgerrecht zu erlangen und den Umzug innerlich bereits zu vollziehen, bedeutet nichts anderes, als mit Jesus zu sterben und aufzuerstehen, mit der gegenwärtigen, vergänglichen Welt unmittelbar abzuschließen und sich in das neue Leben zu stürzen und dem Ziel nachzujagen. Unter Umständen jeden Tag aufs Neue. Alles andere macht nicht nur keinen Sinn, es schadet ja sogar. Diese Welt kann Lebenshunger nicht dauerhaft stillen, nicht einmal dann, wenn einem die ganze Welt gehören würde.

---

195 Lk 9,24f
196 Wuppertaler Studienbibel, Rienecker, Lukas, 241

„Denn die reich werden wollen, die fallen in Versuchung und Verstrickung und in viele törichte und schädliche Begierden, welche die Menschen versinken lassen in Verderben und Verdammnis. Denn Geldgier ist eine Wurzel alles Übels; danach hat einige gelüstet und sie sind vom Glauben abgeirrt und machen sich selbst viele Schmerzen. Aber du, Mensch Gottes, fliehe das! Jage aber nach der Gerechtigkeit, der Frömmigkeit, dem Glauben, der Liebe, der Geduld, der Sanftmut! Kämpfe den guten Kampf des Glaubens; ergreife das ewige Leben, wozu du berufen bist und bekannt hast das gute Bekenntnis vor vielen Zeugen."[197]

Das sind Worte von Paulus an Timotheus. Als Gottesmensch sollte dieser der Gesinnung dieser Welt fliehen, stattdessen das ewige Leben ergreifen und der Erkenntnis Gottes nachjagen. Nicht aus irgendeiner Verpflichtung heraus, sondern weil es als Gottesmensch nur Sinn macht, auch als Gottesmensch zu leben, und alles andere dagegen schaden würde. Als Kind des Lichts nicht als solches zu leben, heißt schlicht, sich selbst viele Schmerzen zu machen.

„Darum sollt ihr nicht sorgen und sagen: Was werden wir essen? Was werden wir trinken? Womit werden wir uns kleiden? Nach dem allen trachten die Heiden. Denn euer himmlischer Vater weiß, dass ihr all dessen bedürft. Trachtet zuerst nach dem Reich Gottes und nach seiner Gerechtigkeit, so wird euch das alles zufallen."[198]

---

197 1Tim 6,9-12
198 Mt 6,31-33

83

Nicht nur, dass es heißt, mit den Sorgen der Welt sich selbst viele Schmerzen zu machen, die entsprechende Haltung ist angesichts der Worte Jesu vielmehr das genaue Gegenteil dessen, was das kompromisslose Ausrichten auf das Ziel im Glaubenden zu bewirken vermag. Anstatt sich gegenwärtig in den Sorgen um das Lebensnotwendige der vergänglichen Welt zu verlieren, bringt einem das Ausstrecken nach dem himmlischen Erbe, das Trachten nach dem Reich Gottes, zunehmende Erkenntnis der wahren Heimat, dauerhafte Stillung nach Lebenshunger und wachsende Gewissheit, vom König aller Könige zu jeder Zeit mit allem versorgt zu werden, dessen es tatsächlich bedarf. Mit der richtigen Ausrichtung verschwindet die Sorge, man könnte in irgendeiner Weise bei irgendetwas zu kurz kommen oder an irgendeiner Stelle etwas verpassen. Angesichts der Perspektive der Schätze im Himmel, die auf den Glaubenden warten, gibt es in der vergänglichen Gegenwart nichts mehr zu verlieren. Sich also unmittelbar unter die Königsherrschaft Jesu zu begeben, hat nicht nur logische Veränderungen in der Lebensführung zur Folge, es sind gleichzeitig Veränderungen, die mit Gewinn einhergehen, anstatt mit Verlust.

Die Motivation und Konsequenz, mit der diese himmlische Ausrichtung anzugehen ist, hat Jesus in zwei kurzen Gleichnissen ganz gut beschrieben. Um das Himmelreich zu veranschaulichen, erzählte er von einem Menschen, der in einem Acker einen Schatz fand. Dann heißt es von diesem Menschen: „[...] und in seiner Freude geht er hin und verkauft alles, was er hat, und kauft den Acker"[199]. Und genauso tat es auch ein

---

199 Mt 13,44

Kaufmann, der eine kostbare Perle fand. Er ging „hin und verkaufte alles, was er hatte, und kaufte sie"[200]. Sowohl der Mensch auf dem Acker als auch der Kaufmann sind von ihrer jeweiligen Entdeckung in so hohem Maße angetan, dass sie gar nicht anders können, als diese für sich zu sichern. Und für beide ist es selbstverständlich, dafür alles zu geben, alles zu verkaufen und in die Entdeckung zu investieren. Das Himmelreich gleicht diesem Schatz und dieser Perle.

Dem Himmelreich uneingeschränkt konsequent nachzujagen und es für sich in Besitz nehmen zu wollen, darf nichts mit Müssen zu tun haben und nichts mit Berechnung, es soll damit zu tun haben, von der Größe und Herrlichkeit dieses Geschenks so unfassbar angetan zu sein, dass man gar nicht anders kann und will, als alles dafür zu geben. Und folglich kann es meiner Erkenntnis nach gar nichts Wichtigeres und Besseres geben, als die frohe Botschaft vom Reich Gottes in den Blick zu nehmen, nach ihr zu suchen, ihr nachzujagen und sich aufgrund dieser Hoffnung an Gott festzumachen, denn es gibt keine andere Glaubensgrundlage, die derartige und von den Umständen unabhängige Macht für erfülltes Leben in der Gegenwart besitzt.

„Ihr sollt euch nicht Schätze sammeln auf Erden, wo Motten und Rost sie fressen und wo Diebe einbrechen und stehlen. Sammelt euch aber Schätze im Himmel, wo weder Motten noch Rost sie fressen und wo Diebe nicht einbrechen und stehlen. Denn wo dein Schatz ist, da ist auch dein Herz."[201]

---

200 Mt 13,46
201 Mt 6,19-21

In dieser Aufforderung Jesu verbirgt sich eine interessante Wechselwirkung. Nicht nur, dass es eben automatisch die Ausrichtung des bereits unter der Königsherrschaft Jesu lebenden Glaubenden sein müsste, schon gegenwärtig in den Maßstäben dieses Königreichs zu denken und zu leben, auch hilft diese Ausrichtung unweigerlich, sich selbst bereits in der gegenwärtigen vergänglichen Welt aus dieser heraus in das Reich Gottes zu versetzen. „Denn wo dein Schatz ist, da ist auch dein Herz"! Es handelt sich bei diesen Worten Jesu womöglich viel mehr um einen wohlmeinenden Rat als um eine warnende Ermahnung.

Freiheit zur Übernahme von Verantwortung

Oft hört man angesichts der völligen Ausrichtung auf das Leben im ewigen Reich Gottes, dass dann ja die Gegenwart und wie man in ihr lebt völlig bedeutungslos wären. Da die zukünftige Welt die gegenwärtige vergessen mache, würde es keine Rolle spielen, was gegenwärtig passiert. Ich habe dafür ehrlich gesagt nicht das geringste Verständnis, verhält es sich vielmehr doch genau gegenteilig.

„Wenn die Toten nicht auferstehen, dann ‚lasst uns essen und trinken; denn morgen sind wir tot!' (Jesaja 22,13)"[202]

Paulus lebte gänzlich in der Ausrichtung auf seine himmlische Heimat, betrachtete sein Sterben als Gewinn und wäre lie-

---

202 1Kor 15,32

ber heute als morgen mehr als nur inwendig umgezogen, und dennoch lebte er in dieser Welt nicht im Geringsten, als wäre ihm alles egal. Im zweiten Brief an Timotheus ermahnte er diesen:

> „Halt im Gedächtnis Jesus Christus, der auferstanden ist von den Toten, aus dem Geschlecht Davids, nach meinem Evangelium, für welches ich leide bis dahin, dass ich gebunden bin wie ein Übeltäter; aber Gottes Wort ist nicht gebunden. Darum dulde ich alles um der Auserwählten willen, auf dass auch sie die Seligkeit erlangen in Christus Jesus mit ewiger Herrlichkeit."[203]

Er rief Timotheus dazu auf, den auferstandenen Jesus Christus im Gedächtnis zu behalten, entsprechend der frohen Botschaft, die er verkündigte. Und – ohne dass ich auf den Begriff der Auserwählten eingehen will – Paulus lebte dafür, dass auch andere diese frohe Botschaft ewiger Herrlichkeit hören und von ihr ergriffen werden konnten.

Im ersten Brief an Timotheus schrieb er:

> „So ermahne ich nun, dass man vor allen Dingen tue Bitte, Gebet, Fürbitte und Danksagung für alle Menschen, für die Könige und für alle Obrigkeit, damit wir ein ruhiges und stilles Leben führen können in aller Frömmigkeit und Ehrbarkeit. Dies ist gut und wohlgefällig vor Gott, unserm Heiland, welcher will, dass alle Menschen gerettet werden und sie zur Erkenntnis der Wahrheit kommen."[204]

---

203 2Tim 2,8-10
204 1Tim 2,1-4

Gott will, dass allen Menschen geholfen werde und sie zur Erkenntnis der Wahrheit kommen. Bin ich von Christus ergriffen, Kind des ewigen Königs, wie könnte ich dann anders wollen, als diesen Willen Gottes zu teilen? Und zwar nicht, weil ich muss, sondern weil ich will. Weil ich von Christus ergriffen bin und will, dass allen Menschen auf dieselbe Weise geholfen werde, kann ich gar nicht anders, als in dieser Welt auch Verantwortung zu übernehmen. Im Gebet zum Beispiel im Blick auf Machthaber oder Strukturen, und noch viel mehr in einer entsprechenden Lebensführung.

Auf die Frage, wie es denn angesichts der Herrschaft Gottes mit dem Bezahlen von Steuern aussähe, antwortete Jesus:

> „Zeigt mir die Steuermünze! [...] Wessen Bild und Aufschrift ist das? [...] So gebt dem Kaiser, was des Kaisers ist, und Gott, was Gottes ist!"[205]

Im vergänglichen Leib leben wir in der vergänglichen Welt mit ihren ebenso vergänglichen Machtstrukturen und Gesetzen. Nun geht es in der Gegenwart eben nicht darum, sich als Untertan des Königs Jesus Christus davon freizusprechen oder darüber zu erheben, sondern darum, wie man in dieser Gegenwart lebt. Dem Kaiser geben, was des Kaisers ist. Aber auch nicht mehr als das. Alles andere gehört Gott.

Seinen Jüngern gab Jesus vor der Kreuzigung mit auf den Weg:

> „Ein neues Gebot gebe ich euch, dass ihr euch untereinander liebt, wie ich euch geliebt habe, damit auch ihr einan-

---

205 Mt 22,19-21

der lieb habt. Daran wird jedermann erkennen, dass ihr meine Jünger seid, wenn ihr Liebe untereinander habt."[206]

Die Art des Umgangs miteinander ist in der gegenwärtigen Welt auch ein Erkennungszeichen dafür, zu wem man gehört. Jünger Jesu kann man erkennen an der besonderen Liebe, die sie untereinander haben. Hinsichtlich des Willens Gottes, dass allen Menschen geholfen werde, verbirgt sich dahinter womöglich viel mehr Wirkung als in so vielen anderen Botschaften, die man meint, vermitteln zu müssen. Wie könnte es dann nicht von Bedeutung sein, wie man in gänzlicher Ausrichtung auf die zukünftige Herrlichkeit in der gegenwärtigen Welt sein Leben führt?

Jesus sprach seine Jünger mehrfach auf diese Thematik an. Unter anderem erzählte er ihnen ein Gleichnis von einem unehrlichen Kaufmann. Dieser sieht sich aufgrund schlechter Arbeit der unvermeidbaren Kündigung ausgesetzt und beschließt, sich zuvor noch mit dem Besitz seines Chefs Freunde zu machen, damit er in der Arbeitslosigkeit Anlaufstellen zwecks Unterkunft und Versorgung hat. Dieses kluge vorausschauende Verhalten des unehrlichen Verwalters hielt Jesus seinen Anhängern vor Augen und stellte fest: „[…] die Kinder dieser Welt sind unter ihresgleichen klüger als die Kinder des Lichts"[207]. Fälschlicherweise könnte man bei zu flüchtiger Betrachtung vielleicht meinen, dies wäre ein Aufruf Jesu an seine Nachfolger, ähnlich unehrlich mit den vergänglichen Mitteln der Welt umzugehen wie der beschriebene Kaufmann, damit hat es jedoch überhaupt gar nichts zu tun. Es ging Jesus

---

206 Joh 13,34f
207 Lk 16,8

darum, darauf hinzuweisen, wie klug der unehrliche Verwalter angesichts seiner vergänglichen Zukunft in den Dimensionen seines Denkens und unter seinesgleichen handelt, und wie sich Kinder des Lichts an dieser klugen Haltung und Orientierung angesichts ihrer himmlischen Zukunft in den Dimensionen ihres Denkens und unter ihresgleichen ein Beispiel nehmen sollten. Er rief also keineswegs dazu auf, fremde Mittel dieser Welt, ungerechten Mammon, zu veruntreuen, sondern dazu, unsere eigenen, ebenso ungerechten Mittel dieser Welt angesichts der zukünftigen himmlischen Heimat unvergänglich gewinnbringend zu nutzen, in weit über diese Welt hinausgehenden Dimensionen des Denkens.

> „Sammelt euch aber Schätze im Himmel, wo weder Motten noch Rost sie fressen und wo Diebe nicht einbrechen und stehlen."[208]

Es ist also nicht nur nicht egal, wie man angesichts der himmlischen Ewigkeit in der Gegenwart lebt, es ist sogar äußerst unklug, nicht vollumfänglich aus dieser Perspektive heraus zu denken und zu handeln.

So konnte es Paulus zum Beispiel nicht fassen, wie sich Christen in Korinth in Rechtsstreitigkeiten verhielten:

> „Es ist schon schlimm genug, dass ihr miteinander rechtet. Warum lasst ihr euch nicht lieber Unrecht tun? Warum lasst ihr euch nicht lieber übervorteilen? Sondern ihr tut Unrecht und übervorteilt, und das unter Brüdern!"[209]

---

208 Mt 6,20
209 1Kor 6,7f

Johannes ermahnte in seinem ersten Brief:

> „Wenn aber jemand dieser Welt Güter hat und sieht seinen
> Bruder darben und verschließt sein Herz vor ihm, wie
> bleibt dann die Liebe Gottes in ihm? Meine Kinder, lasst
> uns nicht lieben mit Worten noch mit der Zunge, sondern
> mit der Tat und mit der Wahrheit."[210]

Und wie weit weg sind wir von Verhaltensweisen, wie sie in
der Apostelgeschichte hinsichtlich der ersten Gemeinde beschrieben werden:

> „Alle aber, die gläubig geworden waren, waren beieinan-
> der und hatten alle Dinge gemeinsam. Sie verkauften Gü-
> ter und Habe und teilten sie aus unter alle, je nachdem es
> einer nötig hatte."[211]

Sie handelten nicht so, weil sie mussten, sondern weil sie
wollten und es klug war.

> „Und der Herr [Jesus] sprach: Wer ist nun der treue und
> kluge Verwalter, den der Herr über sein Gesinde setzt,
> dass er ihnen zur rechten Zeit gebe, was ihnen an Getreide
> zusteht? Selig ist der Knecht, den sein Herr, wenn er
> kommt, solches tun sieht. Wahrlich, ich sage euch: Er wird
> ihn über alle seine Güter setzen."[212]

Auch diese Worte Jesu waren an seine Jünger gerichtet. Er rief
sie auf zu treuem und klugem Dienst, in der gegenwärtigen

---

210 1Joh 3,17f
211 Apg 2,44f
212 Lk 12,42-44

Welt, unter seiner Herrschaft, bis zu seiner Wiederkunft. Es geht also nicht, in dieser Welt einfach irgendwie zu leben. Und ich kann es nur wiederholen, es hat nichts mit Müssen zu tun. Wie könnte man unter der von Liebe geprägten Herrschaft des Königs Jesus Christus, im Wissen, Erbe seines ewigen und herrlichen Reiches zu sein, überhaupt auf die Idee kommen, gegenwärtig kein treuer und kluger Knecht sein zu wollen?

„Lasst eure Lenden umgürtet sein und eure Lichter brennen"[213].

Im dritten Kapitel des Briefes an Titus schrieb Paulus von der Seligkeit, die Gott aus Menschenliebe schenkte, damit wir „Erben seien nach der Hoffnung auf ewiges Leben"[214]. Direkt im Anschluss folgt dann die Aufforderung an Titus:

„Darum will ich, dass du festbleibst, damit alle, die zum Glauben an Gott gekommen sind, darauf bedacht sind, sich mit guten Werken hervorzutun. Das ist gut und nützlich für die Menschen."[215]

Hier sagte Paulus mehr, als dass Glaubende gute Werke tun sollten. Er forderte auch nicht gute Werke aus Pflichtgefühlen oder irgendeiner Schuldigkeit heraus. Er brachte vielmehr den Zusammenhang zwischen Glauben und guten Werken in Verbindung mit dem, was eben die sinnvollste Grundlage für diesen Zusammenhang ist, nämlich die Seligkeit, die darin besteht, Erbe des ewigen Lebens zu sein. Dieses Evangelium

---

213 Lk 12,35
214 Tit 3,7
215 Tit 3,8

92

sollte Titus mit Ernst lehren, denn wer davon ergriffen wird, kann gar nicht mehr anders, als auf gute Werke bedacht zu sein; und zwar nicht, weil er muss oder Gott gefallen müsste, sondern weil er will.

Glaube, der auf dem Fundament der himmlischen Heimat gründet, führt also keineswegs zu einer gleichgültigen Haltung gegenüber der Gegenwart, sondern ganz im Gegenteil zu einer Haltung, die gut ist und den Menschen nützt. Denn wer aufgrund dieses Evangeliums an Gott glaubt, der begibt sich willig und liebend gern innerlich unmittelbar in dieses Reich unter die Herrschaft Jesu und jagt fortan, in der Spannung, noch weiter im vergänglichen Leib in der gegenwärtigen Welt leben zu müssen, trotz Anfechtung und mancherlei Traurigkeit, der Vervollkommnung dieser Erkenntnis in freudiger Unermüdlichkeit nach. Die Perspektive der himmlischen Heimat macht dies möglich. Und sie macht das Motto begreifbar, das Jesus im Anschluss an die Seligpreisungen seinen Jüngern angesichts düsterer und schwerer Tage in der Welt mit auf den Weg gab:

„Freut euch an jenem Tage [der Schmähung und des Hasses] und tanzt; denn siehe, euer Lohn ist groß im Himmel."[216]

Nichts ist größer und es braucht nicht mehr als diesen Lohn im Himmel, der nichts mit Verdienst zu tun hat, sondern das Geschenk beschreibt, das den Glaubenden dort aus Gnade erwartet. Nichts befreit besser in eine echte Freiheit und darin zu guten Werken, ohne jedes Pflichtgefühl, als ein Glaube, der genau darauf gebaut ist.

---

216 Lk 6,23

Das Potenzial wirklicher Wahrheit

Jesus sprach:

> „Wenn ihr bleiben werdet an meinem Wort, so seid ihr wahrhaftig meine Jünger und werdet die Wahrheit erkennen, und die Wahrheit wird euch frei machen."[217]

Petrus brachte es für mich auf den Punkt, wenn er Jesus an anderer Stelle antwortete:

> „Herr, wohin sollen wir gehen? Du hast Worte des ewigen Lebens; und wir haben geglaubt und erkannt: Du bist der Heilige Gottes."[218]

Die freimachende Wahrheit zu erkennen, steht für mich nach tiefer Überlegung mit keinen anderen Worten mehr in Zusammenhang als mit Jesu Worten ewigen Lebens. Und die Wahrheit, als die Jesus sich selbst beschreibt[219], hat möglicherweise am allermeisten damit zu tun, dass Jesus der Heilige Gottes ist, der einst angekündigt wurde als Retter seines Volkes und König eines ewigen Reiches. Diese Wahrheit vom ewigen Reich Gottes ist es, der Paulus nachjagt, sie zu ergreifen. Diese Wahrheit zu erkennen, macht frei.

Ein Bericht von Adrian Plass aus einem seiner Andachtsbücher brachte mich in einer Zeit tiefer Depression auf der Suche nach Befreiung auf einen Gedanken im Zusammenhang mit Jesu Wort von der freimachenden Wahrheit.

---

217 Joh 8,31f
218 Joh 6,68f
219 Siehe Joh 14,6

Auf seine unnachahmlich humorvolle und demütige Weise erzählt Adrian Plass dabei von einer Begebenheit, bei der er fürchtete, dass ein bekannter christlicher Redner und Theologe ihn mit einer ihm peinlichen Handlung seiner Vergangenheit konfrontieren würde. Einer Handlung, die er doch eigentlich so gut verdrängt hatte, und die wohl am besten niemals wieder zur Sprache kommen sollte. Letztlich stellte sich dann allerdings heraus, dass der Theologe ihn lediglich darauf hinweisen wollte, man könne das Wort, das im bekannten Vers Joh 8,32 meist mit *Wahrheit* übersetzt wird, auch mit dem Wort *Wirklichkeit* übersetzen. Erleichtert beschreibt Adrian Plass diesen unerwarteten Hinweis dann als Bestätigung und Ermutigung.[220]

Wahrheit und Wirklichkeit. Die Wahrheit wird den Glaubenden frei machen, definitiv, spätestens wenn der vergängliche Leib stirbt und die Zeit auf der ebenso vergänglichen Welt ihr Ende findet. Aber was braucht es, damit die Wahrheit schon gegenwärtig in diese Freiheit führt? Die Antwort lautet für mich in einem einfachen Satz: Die Wahrheit muss zur Wirklichkeit werden. Wenn die Wahrheit zur Wirklichkeit wird, dann beginnt Freiheit. Ich unterscheide bei dieser Überlegung zwischen der Wirklichkeit als das, was jemand für sich für wahr hält, und der Wahrheit als das, was tatsächlich wahr ist. Solange ich zum Beispiel aus irgendeinem Grund davon ausgehe, dass eins plus zwei vier ergibt, ist das die Wirklichkeit, in der ich lebe, aber diese hat mit der Wahrheit nichts zu tun. Wenn ich nun erkenne und akzeptiere, dass das Ergebnis dieser Rechnung tatsächlich drei ist, dann wird die Wahrheit auch zu meiner Wirklichkeit.

---

220 Adrian Plass, Stürmische Zeiten, Brendow, 2. Aufl., 1999, S. 155f

Paulus jagte dem vorgesteckten Ziel, dem Siegespreis der himmlischen Berufung nach, weil er diese Wahrheit zu seiner Wirklichkeit machen wollte. Er wollte diese Wahrheit ergreifen, sie zu seiner Wirklichkeit machen, weil sich darin der Schlüssel zur Freiheit versteckt. Auch wenn es die vollumfängliche Freiheit erst nach dem leiblichen Tod geben wird, je mehr diese Wahrheit bereits jetzt zur Wirklichkeit wird, desto mehr dieser Freiheit lässt sich unmittelbar erleben.

Jesus sprach:

> „Ich bin der Weg und die Wahrheit und das Leben; niemand kommt zum Vater denn durch mich."[221]

Jesus ist der Weg, er selbst bezahlte der Sünde Sold und überwand dauerhaft den Graben zwischen Mensch und Gott. Jesus, als der König eines ewigen Reiches, in dem er jeden Menschen willkommen heißen will, ist die Wahrheit, die es zu erkennen gilt. Und Jesus ist das Leben, bei ihm, in seinem Reich, werden Lebenshunger und Lebensdurst dauerhaft gestillt, Angst und Vergänglichkeit spielen keine Rolle mehr und alle Ungerechtigkeit findet dort ihr Ende.

Der Anhang, dass niemand zum Vater komme, als durch Jesus, stellt für mich in diesem Vers nichts anderes dar, als eine göttliche Wahrheit, die feststeht, die dem Glaubenden jedoch keinerlei Grund gibt, darüber Mutmaßungen anzustellen oder Urteile zu fällen, wer letztlich zum Vater kommt und wer womöglich nicht. Die Frage, wie der Weg des Einzelnen zum Vater, unabhängig seiner Herkunft, seiner Taten, seiner Prägungen und auch seines persönlichen Glaubens, durch Jesus ausse-

---

221 Joh 14,6

hen kann, ist eine, deren Beantwortung dem Glaubenden nicht nur unmöglich ist und dementsprechend auch nicht zusteht, sondern deren Beantwortung durch den Glaubenden es auch gar nicht braucht.

Der Glaubende bedarf nichts als Jesu Worte des ewigen Lebens, die frohe Botschaft seines Königreichs, sowie das unermüdliche Nachjagen nach dieser Wahrheit, um sie mehr und mehr zu ergreifen und zur Wirklichkeit werden zu lassen. Darin stecken echtes Leben, Freiheit, Sattsein und nicht zuletzt ausreichend Anziehungskraft, um andere dafür zu begeistern.

Göttlicher Plan und menschliches Denken –
Alle Aufmerksamkeit dem Geschenk

Ich erinnere mich, wie ich mir einst als Kind zu einem Weihnachtsfest eine Spielzeugeisenbahn wünschte. Es war ein tiefer Wunsch, aber auch einer, der angesichts der familiären finanziellen Situation nicht einfach vor selbstverständlicher Erfüllung stand. Einige Tage vor Weihnachten entdeckte ich allerdings, dass die Eisenbahn bereits gekauft war und dementsprechend höchstwahrscheinlich an Heiligabend an mich überreicht würde. Die Spannung wich damit zwar dem Unbehagen, etwas zu wissen, das ich nicht wissen sollte, aber das Warten auf den Festtag war, nun auch in voller Vorfreude auf das Geschenk, unverändert kaum auszuhalten. Nichts lag mir näher, als das Geschenkpapier in Fetzen zu reißen, die Eisenbahn auszupacken und endlich damit zu spielen. Und ich erinnere mich gar nicht mehr so sehr daran, wie ich das Geschenk tatsächlich bekam, aber ich bin mir sicher, dass es sich so ähnlich abgespielt hat. Trotz fehlender Erinnerung bin ich mir zwar auch sicher, dass ich mich dafür bedankt habe, aber was ich noch zweifelsfrei weiß, ist, wie ich mit der Eisenbahn über einen sehr langen Zeitraum mit ganzem Herzen oft stundenlang gespielt habe und wie sehr ich mir noch mehr davon wünschte.

Es folgt eine rhetorische Frage: Habe ich mich als Kind falsch verhalten, indem ich mich so viel mehr damit beschäftigte, das Geschenk ungeduldig auszupacken, die Eisenbahn aufzubauen und mich in Gänze im Spielen zu verlieren, anstatt den Schenkenden gegenüber, die einen mir bewussten, für unsere Verhältnisse hohen Preis dafür bezahlt hatten, meinen Dank in Worten und Gesten wiederholt zum Ausdruck zu bringen?

Ich denke, es war nicht nur das natürliche Verhalten eines Kindes, das ich zum Ausdruck brachte, sondern auch genau das, was dem Schenkenden eben viel größere Freude bereitet, als es tausend Worte des Dankes könnten. Was gibt es Schöneres, als zu sehen, wie jemand im Geschenk, das man ihm machte, in voller Pracht aufblüht? Und wenn jemand in der Größe und Herrlichkeit eines Geschenks aufblüht, erfährt der Preis, der dafür bezahlt wurde, genau darin doch auch die entsprechende Wertschätzung. Oder was hätte es mit Wertschätzung zu tun, wenn man sich zwar wiederholt in Worten beim Schenkenden bedankt, sich aber mit dem Geschenk gar nicht auseinandersetzt? Dann würde es doch problematisch. Bekomme ich das größte Geschenk, das es gibt, und setze mich nicht damit auseinander, dann habe ich das Geschenk nicht begriffen. Bedanke ich mich dennoch dafür, weil ich weiß, dass es ein teures Geschenk war, dann erfährt es zwar eine Art von Wertschätzung, aber schlicht und ergreifend nicht die, die es verdient. Es braucht unbedingt die Beschäftigung mit dem Geschenk.

Jesus predigte das Evangelium vom Reich Gottes. Gott schenkte uns die Perspektive einer Ewigkeit in himmlischer Heimat, die Verheißung einer neuen Erde. Und er war bereit, dafür einen sehr hohen Preis zu bezahlen und aus dem Weg zu räumen, was im Weg stand. Dafür kam Jesus auf diese Welt. Wenn ich nicht ganz daneben liege, worauf sollten wir als Beschenkte uns dann wohl nun konzentrieren? Auf den Preis oder auf das Geschenk? Darauf, Gott wieder und wieder für den Tod Jesu am Kreuz demütig ein Loblied zu singen, oder darauf, das Geschenk eines Lebens im ewigen Reich Gottes in den Blick zu nehmen, der Erkenntnis dieses Geschenks nachzujagen, unmittelbar darin zu leben zu beginnen und dabei das Wunder zu erfahren, welche Auswirkungen dies von ganz alleine für die Gegenwart hat?

Ein breiter Holzweg Richtung Himmelreich

„Wie eng ist die Pforte und wie schmal der Weg, der zum Leben führt, und wenige sind's, die ihn finden!"[222]
„Ringt darum, dass ihr durch die enge Pforte hineingeht; denn viele, das sage ich euch, werden danach trachten, dass sie hineinkommen, und werden's nicht können."[223]
„Es werden nicht alle, die zu mir sagen: Herr, Herr!, in das Himmelreich kommen, sondern die den Willen tun meines Vaters im Himmel."[224]

Erneut liegt mir nichts ferner, als eine Diskussion über etwas zu eröffnen, das ich gar nicht diskutieren kann, weil es schlicht und ergreifend weit jenseits meiner Erkenntnis liegt und sich damit meinem Urteilsvermögen völlig entzieht. Ich kann, will und werde nichts dazu sagen, wer am Ende womöglich nicht ins Himmelreich kommen könnte. Ich kann nicht im Geringsten beurteilen, wessen Glaube, wie wahrnehmbar er sein mag oder auch nicht, letztlich doch die Ansprüche erfüllt, die zum ewigen Leben führen. Vielmehr bin ich davon überzeugt, dass

---

222 Mt 7,14
223 Lk 13,24
224 Mt 7,21

wir in dieser Hinsicht, wenn wir einst vor Gott stehen, nicht nur ein klein wenig überrascht sein werden. Nicht, weil ich mich sorge, dass etwa Glaubende, wie ich einer bin, abgewiesen würden, sondern weil ich mir vorstelle, dass sehr viele, die von bekennenden Christen als Sorgenkinder oder gar Ungläubige wahrgenommen werden, tatsächlich sehr viel besser dastehen werden als gedacht.

Ich kann diese drei doch recht spannenden Verse also, selbst wenn ich wollte, gar nicht nehmen, um etwa davor zu warnen, möglicherweise irgendwie auf dem breiten Weg am Himmelreich vorbei in ewige Verdammnis zu geraten. Ich will sie aber gerne betrachten im Blick auf die Gegenwart und die Möglichkeit, den Umzug ins Himmelreich im irdischen Leib lebend bereits in Angriff zu nehmen.

Wie ich bereits ausgeführt habe, werde ich als Glaubender, also als Christ, ja nicht erst Kind Gottes, wenn mein vergänglicher Körper stirbt. Glaube ich an Jesus Christus, dann bin ich Kind Gottes und begebe ich mich im Grunde freiwillig und unmittelbar unter seine Königsherrschaft. Auch wenn ich damit natürlich zunächst noch in der Spannung zwischen dem äußerlichen Verbleiben in dieser Welt und dem inwendig erfolgten Umzug ins Reich Gottes stehe, besteht darin ja dennoch die Möglichkeit, die Ewigkeit im Reich Gottes bereits unmittelbar zu beginnen und zu erfahren. Jesus spricht:

„Wer mein Wort hört und glaubt dem, der mich gesandt hat, der hat das ewige Leben und […] ist vom Tode zum Leben hindurchgedrungen."[225]

---

225 Joh 5,24

Eine wichtige Frage, der ich mich als Christ gegenwärtig stellen sollte, lautet deshalb für mich: Sterbe ich noch oder lebe ich schon? Habe ich das himmlische Bürgerrecht bislang nur passiv angenommen oder nehme ich es auch bereits aktiv wahr?

Ich bezweifle nicht, sondern möchte ausdrücklich meine Überzeugung betonen, dass allein der Glaube durch Gnade die Gerechtigkeit schafft, die vor Gott gilt und zum ewigen Leben führt. Ich bin aber auch davon überzeugt, dass Christen in den Irrungen und Wirrungen der vergänglichen Welt und in der Spannung und Zerrissenheit zwischen Himmel und Erde sehr wohl Probleme damit haben, den vorhandenen schmalen Weg zum Leben schon heute auch zu gehen.

Mit dem Leben, das Gott sich für uns erdacht hat, heute schon zu beginnen, erfordert, die enge Pforte auch heute schon zu durchschreiten. Solange ich das ewige Leben nur habe, aber nicht lebe, bin ich eigentlich noch am Sterben. Das geht im schlimmsten Fall so lange, bis ich vor Gott stehe und spätestens dann in die Spur finde. Aber es ist nun eben auch ansatzweise möglich, das ewige Leben bereits in der vergänglichen Welt zu leben, wenngleich auch wahrscheinlich unausweichlich in unzähligen Neuanfängen, und genau im Blick darauf möchte ich die drei Verse betrachten. Denn dieser Weg ist schmal und scheinbar tatsächlich nicht so leicht zu finden, ahne ich. Ihn zu finden und darauf zu bleiben, hat viel damit zu tun, genau darum auch zu ringen. Und viele, die denken, sie seien bereits auf dem richtigen Weg, befinden sich eventuell in Wirklichkeit auf dem Holzweg.

Ich sorge mich also nicht darum, dass sich Christen womöglich auf dem breiten Weg am Himmelreich vorbei in Richtung Verdammnis bewegen könnten. Ich sorge mich darum, dass

Christen sich in der vergänglichen Welt auf dem breiten Weg am Leben vorbei in Richtung Himmelreich bewegen. Das ewige Leben ist ein Geschenk aus Gnade und kann durch nichts verdient werden, schade ist aber, wenn wir dieses Leben nicht bereits in der Gegenwart ergreifen, sondern stattdessen, bewusst oder unbewusst, daran vorbeileben, wenngleich wir es vielleicht gut meinen. Schade ist, wenn wir das größte Geschenk, das es gibt, unausgepackt unter dem Weihnachtsbaum und im Osternest liegen lassen und die Möglichkeiten, die es birgt, gar nicht entdecken.

Ein Plan, der unser Denken sprengt

„Und er fing an, sie zu lehren: Der Menschensohn muss viel leiden und verworfen werden von den Ältesten und den Hohenpriestern und den Schriftgelehrten und getötet werden und nach drei Tagen auferstehen. Und er redete das Wort frei und offen. Und Petrus nahm ihn beiseite und fing an, ihm zu wehren. Er aber wandte sich um, sah seine Jünger an und bedrohte Petrus und sprach: Geh hinter mich, du Satan! Denn du meinst nicht, was göttlich, sondern was menschlich ist."[226]

Dieser Bericht in den Evangelien ist für mich eine Schlüsselstelle im Neuen Testament. Jesus lehrte seine Jünger zum ersten Mal persönlich seinen Weg. „Sie aber verstanden das Wort

---

226 Mk 8,31-33; vergleiche Mt 16, 21-23

nicht und fürchteten sich, ihn zu fragen"[227], so heißt es beim zweiten Versuch etwas später im Markus-Evangelium. Petrus wollte diese Lehre beim ersten Mal schon nicht wahrhaben und widersprach Jesus dementsprechend. Und Jesus deckte die Schwachstelle bei Petrus schonungslos auf: „Denn du meinst nicht, was göttlich ist, sondern was menschlich ist". Wie alle anderen wollte Petrus einen starken Jesus, der in dieser Welt König werden und die Herrschaft übernehmen sollte, um die Dinge in der Gegenwart in Ordnung zu bringen. Doch dafür war Jesus eben nicht auf diese Welt gekommen. Der göttliche Plan sprengt das Denken dieser Welt und geht weit darüber hinaus. Selbst Petrus, der ganz nah bei Jesus war, hatte Schwierigkeiten, dies zu begreifen.

Und ich glaube, auch die Situation bei Jesu Einzug nach Jerusalem, wo Menschen ihm mit ihren Kleidern und mit Zweigen den Weg bereiteten, wo eine ganze Menge ihm schreiend und singend voranging und nachfolgte[228], hätte sich anders dargestellt, wenn diesen Menschen klar gewesen wäre, dass Jesus dort eben nicht gerade dabei war, die weltliche Königsherrschaft nach ihren Vorstellungen an sich zu reißen. Die Erwartungen und das Denken der Menschen waren menschlicher Art, der Plan Gottes jedoch göttlicher.

Was den Weg, der schon gegenwärtig ins Reich Gottes führt, so schmal macht, ist vermutlich die Schwierigkeit, sich als Mensch vom menschlichen Denken zu lösen und dem göttlichen Ansatz zu öffnen. Im zweiten Brief an die Korinther schrieb Paulus: „[...] wir wandeln im Glauben und nicht im

---

227 Mk 9,32
228 Vergleiche Mk 11,8-10

Schauen"[229]. Im Römerbrief bekräftigte er: „Denn wir sind gerettet auf Hoffnung hin. Die Hoffnung aber, die man sieht, ist nicht Hoffnung; denn wie kann man auf das hoffen, was man sieht? Wenn wir aber auf das hoffen, was wir nicht sehen, so warten wir darauf in Geduld"[230]. Und im Brief an die Hebräer heißt es:

> „Es ist aber der Glaube eine feste Zuversicht dessen, was man hofft, und ein Nichtzweifeln an dem, was man nicht sieht."[231]

Der schmale Weg hat damit zu tun, sich vom Schauen zu lösen und stattdessen im tatsächlichen Glauben zu wandeln. Es hat damit zu tun, sich auf das auszurichten, was man eben nicht sieht.

„Das Reich Gottes kommt nicht mit äußeren Zeichen"[232]. So hatten es sich Petrus und alle anderen aber vorgestellt. Jede andere Vorstellung macht dagegen Probleme, weil Menschen menschlich denken wollen. Der schmale Weg ist so schmal, weil er eine feste Zuversicht erfordert auf das, was man hofft, also ein Nichtzweifeln an dem, was man nicht sieht.

> „Gelobt sei Gott, der Vater unseres Herrn Jesus Christus, der uns nach seiner großen Barmherzigkeit wiedergeboren hat zu einer lebendigen Hoffnung durch die Auferstehung Jesu Christi von den Toten, zu einem unvergänglichen

---

229 2Kor 5,7
230 Röm 8,24f
231 Hebr 11,1
232 Lk 17,20

und unbefleckten und unverwelklichen Erbe, das aufbewahrt wird im Himmel für euch"[233].

Die lebendige Hoffnung, zu der wir berufen sind, hat zuallererst mit dem unvergänglichen Erbe zu tun, das in seiner vollen Größe bislang noch im Himmel auf uns wartet. Der göttliche Plan, der dahinter steht, hat dementsprechend schlicht und ergreifend sehr viel weniger mit den vergänglichen Dingen der vergänglichen Welt zu tun, als wir es wahrhaben wollen. Das Geschenk, das Gott uns gemacht hat, bleibt nun deshalb eingepackt unter dem Osterbaum[234], weil wir lieber mit dem spielen, was wir sehen, als mit etwas, das unserem menschlichen Denken widerstrebt, weil es, so herrlich es zu sein verspricht, so schwer zu greifen ist. Nicht zu zweifeln an dem, was man nicht sieht, und das Ausrichten auf das Ziel dieses Glaubens, das ist die Schwierigkeit.

„Denn wer sein Leben behalten will, der wird's verlieren; und wer sein Leben verliert um meinetwillen und um des Evangeliums willen, der wird's behalten."[235]

Menschliches Denken richtet sich daran aus, das Leben in der vergänglichen Welt festhalten und nach den entsprechenden Kriterien erfolgreich gestalten zu wollen. Genau das hat aber im Blick auf den göttlichen Plan mit Tot-sein zu tun. Sich dagegen im Bewusstsein der Liebe des Königs Jesus Christus und im Festhalten an der frohen Botschaft von seinem ewigen Reich, das mit der gegenwärtigen Welt nicht in Einklang zu

---

233 1Petr 1,3f
234 Mischung aus Osternest und Weihnachtsbaum
235 Mk 8,35

bringen ist, davon zu lösen und innerlich den Umzug unmittelbar zu vollziehen, das bedeutet, den Sterbevorgang abzuschließen und befreit zu leben.

Dieses ganze Dilemma kommt auch in den Berichten des Johannes-Evangeliums zum Ausdruck, nachdem Jesus bereits durch verschiedene Wunder Ausrufezeichen gesetzt und damit die Aufmerksamkeit der Menschen auf sich gezogen hatte. In Kapitel 6 wird berichtet:

> „Als nun das Volk sah, dass Jesus nicht da war und seine Jünger auch nicht, stiegen sie in die Boote und kamen nach Kapernaum und suchten Jesus. Und als sie ihn fanden am andern Ufer des Meeres, fragten sie ihn: Rabbi, wann bist du hergekommen?"[236]

Diese Frage des Volkes klingt hier ohne weiteren Zusammenhang ungewöhnlich. Sie findet ihre Erklärung jedoch in einer erstaunlichen logistischen Ungereimtheit, die vermutlich die Neugierde dieser Menschen nach einem weiteren Wunder Jesu geweckt hatte. Wundersam ist nun in jedem Fall die Antwort Jesu auf diese Frage:

> „Wahrlich, wahrlich, ich sage euch: Ihr sucht mich nicht, weil ihr Zeichen gesehen habt, sondern weil ihr von dem Brot gegessen habt und satt geworden seid."[237]

Jesus kannte diese Menschen besser als sie sich selbst. Er erklärte ihnen, was sie selbst nicht begriffen hatten, weil ihnen auch hier das Gefangensein im menschlichen Denken im Weg

---

236 Joh 6,24f
237 Joh 6,26

stand. Sie suchten Jesus, fixiert auf das Wunder, das womöglich geschehen war, und übersahen dabei, warum Jesus tatsächlich suchenswert ist. Sie übersahen, warum sie ihn tatsächlich gesucht hatten. Und Jesus sagte es ihnen.

Jesu Anziehungskraft liegt in erster Linie keineswegs in den sichtbaren Wundern, die er tat, sondern in der Wahrheit, dass er selbst es ist, der Lebenshunger stillt. Die Teilhabe an ihm in seinem ewigen Reich macht satt und nichts anderes. Dazu braucht es nichts, was in der vergänglichen Welt passiert oder existiert, auch keine Wunder. Was aber leider gilt, sagt Jesus ebenso an anderer Stelle:

> „Wenn ihr nicht Zeichen und Wunder seht, so glaubt ihr nicht."[238]

Wir Menschen wollen eben im Schauen wandeln, gefangen im menschlichen Denken. Aber wie viel hat das mit Glauben zu tun?

Im Lukas-Evangelium lenkte Jesus angesichts der Frage nach dem Kommen des Reiches Gottes den Blick seiner Jünger auf das Beispiel eines ungerechten Richters, der einer unnachgiebig fordernden Witwe ihr Recht verschaffte, weil sie ihm viel Mühe machte. Wenn schon ein ungerechter Richter nur deshalb tätig würde, weil er gedrängt wird, wie könne dann Gott seinen Auserwählten, die Tag und Nacht zu ihm rufen, nicht auch Recht verschaffen, schlussfolgerte Jesus. Und dabei blieb er nicht stehen, er sagte ihnen ausdrücklich zu, dass es in Kürze so sein würde. Fettgedruckt steht diese Antwort Jesu in der Übersetzung der Bibel durch Luther. Nicht mehr fettge-

---

238 Joh 4,48

druckt ist aber leider die Frage Jesu, mit der er diese Antwort abschloss:

„Doch wenn der Menschensohn kommen wird, wird er dann Glauben finden auf Erden?"[239]

Viel Schauen nach Zeichen und Wundern in dieser Welt und viel Streben nach den Dingen, die in dieser Welt wichtig zu sein scheinen, wird Jesus sicher finden, wenn er wiederkommt, aber was ist mit dem Glauben an das, was wir nicht sehen? Was ist mit dem Glauben an das unsichtbare, aber ewige Reich Gottes, das mit der gegenwärtigen irdischen Welt so wenig zu tun hat, wie es Sinn macht, neuen Wein in alte Schläuche zu füllen oder neue Lappen auf alte Kleider zu flicken? Leben wir schon darin, wenn auch in ständigen Neuanfängen, oder sterben wir noch darauf zu?

Der göttliche Plan sprengt unser menschliches Denken und nicht einmal Paulus wollte von sich behaupten, diesen Plan ergriffen zu haben. Das hindert uns jedoch nicht daran, ihm wie Paulus unermüdlich nachzujagen. Aber wie Paulus es so oft zum Ausdruck brachte, müssen wir uns dazu vor Augen halten, dass dieser göttliche Plan weit über die vergängliche Welt hinausreicht, dass der eigentliche Zielpunkt des Evangeliums in unserer Heimat im ewigen Reich Gottes liegt und wir in dieser gegenwärtigen Welt nicht zuhause sind.

Was dem unmittelbaren Leben in diesem Reich, während unserer Zeit im vergänglichen irdischen Leib, im Weg steht, ist unsere Gefangenschaft im menschlichen Denken. Solange wir das Geschenk Gottes an uns Menschen, das Evangelium vom

---

239 Lk 18,8

Reich Gottes, unausgepackt unter dem Osterbaum liegen lassen, das Geschenkpapier nicht wie ungeduldige Kinder zerfetzen, uns nicht unermüdlich damit auseinandersetzen, es nicht neugierig erforschen und auf diesem Weg ansatzweise begreifen und zu unserem Leben machen, wird sich an dieser Gefangenschaft nicht wirklich etwas ändern, ehe wir nicht von Angesicht zu Angesicht vor Gott stehen.

> „Der Herr aber sprach: Wenn ihr Glauben hättet wie ein Senfkorn, würdet ihr zu diesem Maulbeerbaum sagen: Reiß dich aus und verpflanze dich ins Meer!, und er würde euch gehorsam sein."[240]
> „Doch wenn der Menschensohn kommen wird, wird er dann Glauben finden auf Erden?"[241]

Wie ich schon erwähnte, ich will damit keinerlei Diskussion darüber eröffnen, welche Kriterien Glaube erfüllen muss, damit er rettet, denn dies würde zu nichts führen. Es geht mir lediglich um die Frage, was es braucht, damit wir heute schon etwas von diesem unfassbaren Reichtum haben, der sich im Glauben verbirgt. Und ich möchte hier noch eine Auslegung einer Stelle wagen, die ich so bislang nirgends finden konnte, die für mich aber Sinn macht. Mögen Wissenschaftler denken, was sie wollen.

> „Und er sprach zu ihnen: Wahrlich, ich sage euch: Es stehen einige hier, die werden den Tod nicht schmecken, bis sie sehen das Reich Gottes kommen mit Kraft."[242]

---

240 Lk 17,6
241 Lk 18,8
242 Mk 9,1

Worte Jesu, die dem Kontext nach zu schließen nicht nur an seine Jünger gerichtet waren, sondern auch an das Volk, also einen deutlich erweiterten Kreis der Zuhörer. Worte, die er im Anschluss an einen durchaus aufrüttelnden und mahnenden Impuls zum Thema Nachfolge wählte. So sagte er unmittelbar vor diesen Worten: „Wer sich aber meiner und meiner Worte schämt unter diesem ehebrecherischen und sündigen Geschlecht, dessen wird sich auch der Menschensohn schämen, wenn er kommen wird in der Herrlichkeit seines Vaters mit den heiligen Engeln"[243].

Oft wird Mk 9,1 nun verstanden als Ansage Jesu, dass unter den Zuhörern einige seien, die bis zu einer nicht geklärten Art der Ankunft des Reiches Gottes den leiblichen Tod nicht erfahren würden. Logischerweise ergibt sich hinsichtlich des Sehens des Kommens des Reiches Gottes dabei das Problem, dass die zweite Wiederkunft Jesu kaum gemeint sein kann, weil die Aussage Jesu dann ja falsch wäre. Da längst alle Zuhörer verstorben sind, müsse er mit dem Kommen des Reiches folglich ein anderes Ereignis wie zum Beispiel die Ausgießung des Heiligen Geistes an Pfingsten gemeint haben.[244]

Ich wage einen ganz anderen Ansatz: Was, wenn Jesus hier mit dem Schmecken des Todes nicht das leibliche Sterben meinte, sondern tatsächlich das Kennenlernen des Geschmacks eines geistlich toten Lebens?

„Lass die Toten ihre Toten begraben"[245]. Wie man hier sieht, spricht Jesus auch an anderen Stellen von im irdischen Sinne

---

243 Mk 8,38
244 Vergleiche Wuppertaler Studienbibel, Rienecker, Matthäus, 315; bezüglich der Parallelstelle Mt 16,28.
245 Lk 9,60

Lebenden als im geistlichen Sinne Tote. Solche Menschen selbst haben sicherlich eine andere, lebendigere Sichtweise, aber nur, weil sie im geistlichen Sinne ihr Totsein eben nicht begriffen haben; ihr Dasein sehr wohl wahrnehmend, aber ohne Vergleich eben nicht wissend, dass genau so der geistliche Tod schmeckt; womöglich wohl glaubend, ihr Dasein hätte einen guten Geschmack, aber nicht im Geringsten ahnend, wie gut das geistliche Leben dagegen schmeckt.

Es wäre schade, wenn ich Tomaten wollte, aber aus Unkenntnis dem Geschmack der Gurke folgte. Es wäre schade, wenn ich mich in einem Zustand geistlichen Todes befände und es nicht merkte, weil ich nur den Geschmack des Todes kenne, aber meinte, es wäre der Geschmack des Lebens; insbesondere, weil ich doch eigentlich leben will. Oder wie es Paulus ausdrückte: „Hoffen wir allein in diesem Leben auf Christus, so sind wir die elendesten unter allen Menschen"[246].

In diesem Sinne wären Jesu Worte nicht die Ansage, dass einige den leiblichen Tod nicht erfahren würden, ehe sie das Reich Gottes kommen sähen, sondern der ernüchternde Hinweis, dass einige leider erst dann überhaupt einen Geschmack davon bekommen werden, was es mit wirklichem Leben, dem Reich Gottes und damit auch dem Tod auf sich hat, wenn sie Jesus „in der Herrlichkeit seines Vaters mit den heiligen Engeln"[247] und mit ihm das Reich Gottes kommen sehen mit Kraft; entweder wenn sie Gott nach ihrem leiblichen Tod gegenüberstehen oder wenn sie den Tag dieser Wiederkunft im irdischen Leib erleben.

---

246 1Kor 15,19
247 Mk 8,38

Im Angesicht desjenigen, der das wahre Leben ist, wird sich definitiv klären, wie der Tod schmeckt. Aber ich für mich will nicht erst dann den Geschmack des Todes entdecken und feststellen, dass der Geschmack meines irdischen Daseins leider gar nicht so weit davon entfernt war.

Es ist nicht unmöglich, aber „wie schwer ist's, ins Reich Gottes zu kommen!"[248] Jesus findet nicht nur einmal mahnende Worte zu diesem Thema. Und ich kann mich nur wiederholen, mir geht es im Blick darauf nicht um die Angst, das ewige Leben gänzlich zu verpassen, sondern um die Sorge, die Gegenwart leichtfertig in einem langsamen Tod zu verschenken, anstatt schon frühzeitig mit dem wahren Leben zu beginnen. Interessanterweise spricht Jesus in Mk 8,38 ja nicht davon, dass diejenigen, die sich gegenwärtig seiner schämen würden, deshalb das ewige Leben verwirkt hätten, sondern lediglich davon, dass sich der Menschensohn bei seiner Wiederkunft dieser Personen ebenso schämen würde. Manche Eltern schämen sich ab und an auch für ihre Töchter und Söhne, und trotzdem bleiben dieselben ihre Kinder.

Als die Jünger mit ihrem Schiff, mit Jesus an Bord, in einen Sturm und in Panik gerieten, fragte Jesus sie, nachdem er den Sturm gestillt hatte:

„Was seid ihr so furchtsam? Habt ihr noch keinen Glauben?"[249]

---

248 Mk 10,24
249 Mk 4,40

Was uns genau wie den Jüngern auf diesem Schiff im Weg steht, ist die Fixierung auf das menschliche Denken. Nicht, dass wir vom göttlichen Plan nie gehört hätten, ist das Problem, sondern dass wir uns nicht wider aller Vernunft fest an die unser menschliches Denken sprengende Hoffnung der frohen Botschaft eines neuen Himmels und einer neuen Erde klammern und wir derselben nicht unermüdlich nachjagen. Schon König Salomo riet:

> „Verlass dich auf den HERRN von ganzem Herzen, und verlass dich nicht auf deinen Verstand, sondern gedenke an ihn in allen deinen Wegen, so wird er dich recht führen."[250]

Wovor sollte ich mich fürchten, wenn ich innerlich doch bereits den Umzug aus dieser Welt ins ewige Reich Gottes vollzogen habe? Vor einem Sturm? Wenn ich doch dieser Welt schon gestorben bin, wieso sollte ich dann Angst vor dem Sterben haben? Wenn ich glaube, dass meine Heimat im Himmel ist, wieso lasse ich mich dann in dieser Welt von Dingen gefangen nehmen, die keine Rolle für die Ewigkeit spielen, anstatt in dieser Welt keine irdische Rolle zu spielen, sondern befreit zu leben und der Welt dadurch von der Ewigkeit zu erzählen? Habe ich noch keinen Glauben?

> „Wir denken an die Fische, die wir in Ägypten umsonst aßen, und an die Kürbisse, die Melonen, den Lauch, die Zwiebeln und den Knoblauch. Nun aber ist unsere Seele matt, denn unsere Augen sehen nichts als das Manna."[251]

---

250 Spr 3,5f
251 4Mo 11,5f

So klagte das Volk Israel, nachdem es aus der Knechtschaft in Ägypten herausgeführt worden war und sich mitten in der Wüste auf dem Weg in Richtung verheißener Heimat befand. Ein Nichtzweifeln an dem, was man nicht sieht, sieht anders aus. Der Blick geht in die falsche Richtung.

„Wer die Hand an den Pflug legt und sieht zurück, der ist nicht geschickt für das Reich Gottes."[252]

Ich bin kein Landwirt und habe nie gepflügt, aber ich wage mal die Behauptung, dass dem altmodischen Pflügen von geraden, parallelen Linien nicht nur die Ausrichtung des Blickes nach vorne, sondern vielmehr die Ausrichtung auf einen bestimmten vorne liegenden Punkt am zuträglichsten ist. Und das Abweichen von dieser Strategie vermag, aus der Bahn zu werfen. Das Volk Israel lebte in der Wüste viel zu oft viel mehr im Schauen als im Glauben. Viel zu oft ging der Blick zurück in Richtung dessen, was man in Ägypten gesehen hatte, anstatt nach vorne auf das, was von Gott verheißen war. Geprägt war das Dasein in der Wüste damit eben von der Wüste und von Ägypten, nicht jedoch vom verheißenen Land. Anstatt die Situation nach menschlichem Ermessen im Blick auf die Erfahrungen der Vergangenheit als mangelhaft einzuordnen, wäre das Volk in der Wüste mit blindem Vertrauen auf den göttlichen Plan und die Verheißung erheblich besser unterwegs gewesen. Der Weg wäre nicht nur erträglicher gewesen, er hätte auch schneller ans Ziel geführt. Mose kann ein Lied davon singen.

Dem Volk war die gegebene Perspektive aber leider nicht genug. Anstatt sich darauf zu freuen, was sie der Verheißung

---

252 Lk 9,62

Gottes nach erwarten würde, und aus dieser Freude heraus jedwede Situation in der Wüste gemeinsam geduldig durchleben zu können, blühten sie darin auf, in der Unzufriedenheit der Wüstensituation nach menschlichen Erfahrungswerten eine unmittelbare Verbesserung zu fordern. Genauso wenig wie der göttliche Plan jedoch vorsah, in Ägypten einen Regierungsumschwung einzuleiten, um den Israeliten dort ein besseres Leben zu ermöglichen, sah der Plan vor, die Wüste zum gelobten Land zu machen.

Nicht auf das hoffend, was man nicht sieht, und nicht unermüdlich dem nachjagend, was von Gott verheißen war, wandelte das Volk Israel gewiss nicht auf dem schmalen Weg, sondern auf dem breiten. Zwar war es Gott dennoch nicht unmöglich, sein Volk letztlich in das verheißene Land zu führen, was ich auch betonen will, aber es ist zutiefst schade, dass die Wüstenwanderer nicht schon viel früher bereits innerlich ihre Heimat dort fanden und auf dieser Ebene auch den Umzug dorthin vollzogen.

Der Weg zum Leben ist schmal, weil wir viel zu oft nicht meinen, was göttlich, sondern was menschlich ist. Und die Gefahr, dass wir den breiten Weg unter unseren Füßen erst dann als solchen wahrnehmen, wenn wir von Angesicht zu Angesicht vor Gott stehen und sich die Geschmacksfrage klärt, ist meines Erachtens größer, als wir glauben wollen. Ich will nicht aufhören, mich zu wiederholen: Was dann, wenn wir Gott gegenüberstehen, über umfassende Erkenntnis hinaus, weiter passiert, darüber will ich nichts zu sagen wagen, weil ich es mangels Erkenntnis logischerweise eben nicht kann. Glaube rettet, so ist die Verheißung. Und auch wenn es leichter ist, dass ein

Kamel durch ein Nadelöhr geht, als dass ein Reicher in den Himmel kommt, „alle Dinge sind möglich bei Gott"[253].

Mich beschäftigt viel mehr eben die Ahnung, dass wir gegenwärtig inzwischen relativ weit weg davon sind, uns mit dem eigentlichen Geschenk Gottes an uns Menschen überhaupt auseinanderzusetzen. Unter anderem bedanken wir uns angesichts des Preises, der dafür bezahlt wurde, zwar eifrig, aber wir spielen nicht nur nicht mit dem Geschenk, wir packen es nicht einmal aus. Wo ist die Vorfreude, die uns das Geschenkpapier zerfetzen und uns voller Entdeckungsdrang in unermüdlichem Nachjagen der Erkenntnis in wahrstem Sinne des Wortes im Geschenk leben lässt?

> „Das Himmelreich gleicht einem König, der seinem Sohn die Hochzeit ausrichtete. Und er sandte seine Knechte aus, die Gäste zur Hochzeit zu rufen; doch sie wollten nicht kommen."[254]

Auch wenn das Gleichnis, das Jesus auf diese Weise einleitete, nach wissenschaftlich-theologischer Auslegung womöglich auf etwas anderes hinaus soll, mir kommt es vor, als stünden wir heute, zumindest in der wohlhabenden westlichen Welt, vielerorts genau an dieser Stelle. Das Himmelreich wartet auf uns, die Einladung ist ausgesprochen, aber wir wollen nicht kommen! Denn es gefällt uns da, wo wir sind. Wir meinen aber nicht, was göttlich, sondern was menschlich ist. Wir wollen nicht dort hin, wo die Hochzeitsfeier ist und der König auf uns wartet, wir wollen, dass der König zu uns kommt und das Fest

---

253 Mk 10,27
254 Mt 22,2f

mitbringt, denn wir haben uns in dieser unserer Welt eingerichtet. Diese Welt ist jedoch nicht im Geringsten dafür geeignet, die königliche Hochzeit auszurichten, schon gar nicht, wenn wir selbst sie planen. Der neue, edle Flicken passt nicht aufs alte, zerfetzte Gewand.

Es braucht Aufmerksamkeit und Fürsorge

„Wisst ihr nicht: Die im Stadion laufen, die laufen alle, aber nur einer empfängt den Siegespreis? Lauft so, dass ihr ihn erlangt. Jeder aber, der kämpft, enthält sich aller Dinge; jene nun, damit sie einen vergänglichen Kranz empfangen, wir aber einen unvergänglichen. Ich aber laufe nicht wie ins Ungewisse; ich kämpfe mit der Faust nicht wie einer, der in die Luft schlägt, sondern ich schinde meinen Leib und bezwinge ihn, dass ich nicht andern predige und selbst verwerflich werde."[255]

Worte des Paulus an die Gemeinde in Korinth. Nicht zum ersten und auch nicht zum letzten Mal komme ich zu dem Schluss, dass der Weg ins Himmelreich, solange wir im irdischen Leib sind, etwas mit unermüdlichen Nachjagen zu tun hat: Es ist ein Ringkampf um den unvergänglichen Kranz. Dass dieser Kampf nur Sinn macht, wenn ich weiß, worum ich kämpfe, ist eigentlich selbstredend. Wenn ich mich mit dem Geschenk nicht beschäftige, dann kann es mich logischerweise

---

255 1Kor 9,24-27

auch nicht in seinen Bann ziehen. Wenn ich mir nicht bewusst mache, dass die Botschaft des Evangeliums vom Reich Gottes weit über diese Welt hinausreicht und ihren Zielpunkt nicht in der gegenwärtigen Welt hat, dann werde ich mich mein irdisches Leben lang nicht aus der Gefangenschaft in dieser Welt lösen können.

Das Reich Gottes als meine himmlische Heimat inmitten der gegenwärtigen vergänglichen Welt ist kein Selbstläufer. Und ich möchte in dieser Hinsicht erneut eine Auslegung wagen, die so zumindest in der Wuppertaler Studienbibel nicht steht, die für mich aber einfach auch wieder Sinn macht.

„Und sie brachten Kinder zu ihm, damit er sie anrühre. Die Jünger aber fuhren sie an. Als es aber Jesus sah, wurde er unwillig und sprach zu ihnen: Lasset die Kinder zu mir kommen und wehret ihnen nicht, denn solchen gehört das Reich Gottes. Wahrlich, ich sage euch: Wer das Reich Gottes nicht empfängt wie ein Kind, der wird nicht hineinkommen. Und er herzte sie und legte die Hände auf sie und segnete sie."[256]

In Anlehnung an die an anderer Stelle erfolgte Warnung Jesu an seine Jünger, dass wer nicht wird wie ein Kind, auch nicht ins Himmelreich kommen wird[257], geht die allgemeine Interpretation dieser Aussage in dieselbe Richtung: Wie ein Kind das Reich Gottes empfängt, so müssen wir das Reich Gottes auch empfangen. Wie auch immer das aussehen mag, das Thema ist: Werden wie die Kinder.

---

256 Mk 10,13-16
257 Vergleiche Mt 18,3

Interessant finde ich zunächst, dass alleine der Evangelist Matthäus diese Thematik so aufgriff. Sowohl die Parallelstelle in Markus als auch die in Lukas sprechen davon nicht. Dort geht es nämlich nicht um das Werden wie Kinder, sondern um das Aufnehmen von Kindern.

> „Und er [Jesus] nahm ein Kind, stellte es mitten unter sie und herzte es und sprach zu ihnen: Wer ein solches Kind in meinem Namen aufnimmt, der nimmt mich auf; und wer mich aufnimmt, der nimmt nicht mich auf, sondern den, der mich gesandt hat."[258]

Darüber hinaus heißt es in der Wuppertaler Studienbibel zu Mk 10,15, dass das griechische Verb, das mit *empfängt* übersetzt wird, auch viel mit fürsorglichem Annehmen zu tun hat. Und alleine schon aufgrund dieser zwei Hinweise frage ich mich, warum die Aussage Jesu sprachlich nicht viel mehr auf folgende Weise verstanden wird: Genau so wie man ein Kind fürsorglich annehmen soll, so müssen wir auch das Reich Gottes annehmen, sonst werden wir nicht hineinkommen. Und wie schlecht auch immer die Stellung von Kindern in dieser Zeit vielleicht überwiegend gewesen sein mag, Jesus demonstrierte unmittelbar nach der Aussage, was er meinte: „Und er herzte sie [die Kinder] und legte die Hände auf sie und segnete sie."[259]

Es geht damit also nicht darum, etwas zu tun, wie ein Kind es tut, sondern sich um etwas zu kümmern, wie man sich auch um ein Kind kümmern sollte.

---

258 Mk 9,36f
259 Mk 10,16

Heute wie damals gibt es offensichtlich verbreitet Probleme, das fürsorgliche Verständnis Jesu hinsichtlich der Beziehung Erwachsener zu Kindern zu teilen, wie weit weg sind wir heute wie damals dann wohl vom Reich Gottes? So wie Kinder heute den persönlichen Zielen der Eltern oft im Weg stehen und die Fürsorge nicht persönlich geleistet, sondern ersatzweise von anderen erwartet wird, so steht auch das Reich Gottes in der Warteschleife, weil wir die Dinge der vergänglichen Welt wichtiger nehmen, als sie es sind. Das Reich Gottes in dieser Welt ist aber kein Selbstläufer, es erfordert Fürsorge, es erfordert umfassende Aufmerksamkeit. Wie insbesondere kleine Kinder das Leben ihrer Eltern in Beschlag nehmen, so muss es auch mit dem Reich Gottes sein:

„Trachtet zuerst nach dem Reich Gottes und nach seiner Gerechtigkeit"[260].

Es gibt keinen halben Umzug in dieses Reich. „Niemand kann zwei Herren dienen: Entweder er wird den einen hassen und den andern lieben, oder er wird an dem einen hängen und den andern verachten. Ihr könnt nicht Gott dienen und dem Mammon."[261] Wer sich Schätze auf der Erde sammelt und nicht im Himmel, der dient nicht Gott. Und wer Gott nicht dient, der lebt nicht in seinem Reich. Wer sich Sorgen macht um Nahrung und Kleidung, darum, dass es ihm zu irgendeinem Zeitpunkt an Lebensnotwendigem fehlen könnte, und deshalb sein Tun zuerst danach ausrichtet, der lebt nicht im Reich Gottes.

---

260 Mt 6,33
261 Mt 6,24

Und zum siebenundzwanzigsten Mal: Dies hat nichts damit zu tun, die Ewigkeit nicht im Reich Gottes verbringen zu können. Es hat damit zu tun, innerlich bereits hier und heute im Reich Gottes zu leben oder eben nicht. Wer heute schon dort zu leben beginnen will, der muss auch heute schon dahin umziehen. Wer heute schon dahin umzieht, dessen Trachten wird sich ganz selbstverständlich zuerst nach dem Reich Gottes ausrichten. Und wer zuerst nach dem Reich Gottes trachtet, der wird feststellen, dass er das, was es auf dem Weg durch die vergängliche Welt tatsächlich zum Leben braucht, reichlich haben wird; womöglich sogar über das Notwendige hinaus, dann jedoch, ohne dies zu brauchen und dadurch wiederum in der Lage, diese Mittel gewinnbringend fürs Reich Gottes einzusetzen.

Bekomme ich ein Geschenk und beginne in der Beschäftigung damit, dessen unvergleichliche Herrlichkeit zu erahnen, wie gehe ich dann weiter damit um? Jage ich der tieferen Erkenntnis dieser Herrlichkeit nach, lasse mich davon ergreifen und schenke ihr meine fürsorgliche Aufmerksamkeit? Oder lege ich das Geschenk zur Seite, weil ich mich angesichts der vielen tollen Spielsachen, die ich bereits habe und verstehe, mit dem Vorhandenen dann doch zufriedengebe?

Ohne dass ich mich mit dem Geschenk auseinandersetze, werde ich der darin verborgenen Herrlichkeit nicht näherkommen. Widme ich meine Aufmerksamkeit in dieser Welt nicht zuerst dem Reich Gottes, werde ich dem Reich Gottes in dieser Welt nicht näherkommen. Und die Welt wird diesem dann durch mich auch nicht begegnen. Ringe ich angesichts der Spannung, in der ich in dieser Welt lebe, nicht geradezu um dieses Reich, dann werde ich während meines irdischen Daseins auch kaum hineinkommen können.

„Und er [Jesus] kam zu seinen Jüngern und fand sie schlafend und sprach zu Petrus: Konntet ihr denn nicht eine Stunde mit mir wachen? Wachet und betet, dass ihr nicht in Anfechtung fallt! Der Geist ist willig; aber das Fleisch ist schwach."[262]

Es besteht im Glaubenden eine enorme Spannung zwischen der Willigkeit des Geistes und der Schwachheit des Fleisches, eine Spannung zwischen erlöstem Inneren und unerlöstem Äußeren. Eine Spannung, die zudem der Gefahr der Anfechtung ausgesetzt ist.

Jesus „legte ihnen ein anderes Gleichnis vor und sprach: Das Himmelreich gleicht einem Menschen, der guten Samen auf seinen Acker säte. Als aber die Leute schliefen, kam sein Feind und säte Unkraut zwischen den Weizen und ging davon."[263]

Es gibt einen Feind, der verhindern will, dass wir den Weg ins Himmelreich bereits gegenwärtig finden und er nutzt dazu unsere Schlafmützigkeit. Was wir brauchen, ist die Wachheit für Jesus und für das Geschenk, das mit ihm verknüpft ist. Schlafen wir in dieser Hinsicht ein, dann öffnen wir dem Feind Tür und Tor.

Im Lukas-Evangelium wird berichtet, wie Jesus über seinen engsten Jüngerkreis hinaus zweiundsiebzig weitere Jünger ein-

---

262 Mt 26,40f
263 Mt 13,24f

setzte und aussandte. Sie sollten vor ihm her in Städte und Dörfer ziehen, um Kranke zu heilen und zu predigen, dass das Reich Gottes nahe herbeigekommen sei. Nur wenig später wird von ihrer Rückkehr zu Jesus berichtet:

"Die Zweiundsiebzig aber kamen zurück voll Freude und sprachen: Herr, auch die Dämonen sind uns untertan in deinem Namen. Er sprach aber zu ihnen: Ich sah den Satan vom Himmel fallen wie einen Blitz. Seht, ich habe euch Macht gegeben, zu treten auf Schlangen und Skorpione, und Macht über alle Gewalt des Feindes; und nichts wird euch schaden. Doch darüber freut euch nicht, dass euch die Geister untertan sind. Freut euch aber, dass eure Namen im Himmel geschrieben sind."[264]

Mit dem Beispiel des gefallenen Engels Satan verdeutlichte Jesus seinen Jüngern die Gefahr der Anfechtung. Die erstaunliche Macht, die Jesus ihnen hinsichtlich ihres Auftrags in der vergänglichen Welt übertragen hatte, zog die Jünger in ihren Bann. Ihr Blick richtete sich damit aber in die falsche Richtung und Jesus mahnte dies an. Der göttliche Plan ist ewigkeitsorientiert und die Freude darüber, in diesem Plan berücksichtigt zu sein, die soll uns erfüllen und unser Handeln prägen, nichts anderes. Haben wir dieses Ziel nicht im Blick und kümmern uns auch nicht darum, dann sind wir auf dem falschen Weg.

"Zieht an die Waffenrüstung Gottes, damit ihr bestehen könnt gegen die listigen Anschläge des Teufels. Denn wir haben nicht mit Fleisch und Blut zu kämpfen, sondern mit

---

264 Lk 10,17-20

Mächtigen und Gewaltigen, mit den Herren der Welt, die über diese Finsternis herrschen, mit den bösen Geistern unter dem Himmel. [...] Vor allen Dingen aber ergreift den Schild des Glaubens, mit dem ihr auslöschen könnt alle feurigen Pfeile des Bösen, und nehmt den Helm des Heils und das Schwert des Geistes, welches ist das Wort Gottes."[265]

Auch im Brief an die Epheser veranschaulicht Paulus die Thematik mit einem Bild, das mit einem Kampf zu tun hat. Um in der gegenwärtigen Welt nicht nur für die zukünftige gerettet zu sein, sondern bereits darin leben zu können, sind Vorkehrungen erforderlich. Wer diesen Ringkampf nicht erkennt und sich nicht dafür wappnet, der verliert ihn; und merkt es unter Umständen nicht einmal. Wer sich schon gar nicht daran festmacht, dass unsere eigentliche Heimat nicht auf dieser Welt ist, kommt noch nicht einmal in die Nähe dieses Kampfes.

Das mag sich anhören, als ob ein Leben im Reich Gottes innerhalb dieser vergänglichen Welt somit furchtbar anstrengend sein müsste, dem ist aber keineswegs so. Ein Kampf ist nämlich nur dann anstrengend, wenn man eben nicht darauf vorbereitet ist und wenn man nicht weiß, wofür man kämpft. Mit dem Blick in Richtung himmlischer Heimat und mit der Gewissheit, dass Jesus diese Welt bereits überwunden und mit ihr auch die Mächte dieser Welt längst besiegt hat, lässt sich der Kampf jedoch dankbar annehmen. Es gibt in dieser Welt nichts mehr zu verlieren, denn mit der Teilhabe an der zukünftigen himmlischen Herrlichkeit ist bereits alles gewonnen.

---

265 Eph 6,11f.16f

Die listigen Anschläge des Teufels richten sich auf den alles entscheidenden Punkt: unsere Wahrnehmung vom und Ausrichtung aufs Evangelium vom Reich Gottes. Jede Abwendung davon verbucht der Teufel als Erfolg, weil wir in dieser Abwendung dann menschlich denken und nicht göttlich. Zwar hat der Teufel den Kampf um die Glaubenden im Blick auf das Geschehen nach dem Ende der vergänglichen Welt längst verloren, aber weder den Kampf um die Gestaltung und Ausstrahlung unseres Daseins bis dahin, noch den Kampf um Menschen, die noch gar nicht an Gott glauben.[266]

Worte des Paulus:

„Das sage ich aber, liebe Brüder: Die Zeit ist kurz. Auch sollen die, die Frauen haben, sein, als hätten sie keine; und die weinen, als weinten sie nicht; und die sich freuen, als freuten sie sich nicht; und die kaufen, als behielten sie es nicht; und die diese Welt gebrauchen, als brauchten sie sie nicht. Denn das Wesen dieser Welt vergeht. Ich möchte aber, dass ihr ohne Sorge seid."[267]

„Und stellt euch nicht dieser Welt gleich, sondern ändert euch durch Erneuerung eures Sinnes, auf dass ihr prüfen könnt, was Gottes Wille ist, nämlich das Gute und Wohlgefällige und Vollkommene."[268]

---

266 Auch hinsichtlich dieser Aussage möchte ich keine Bewertung von Glauben vornehmen, sondern lediglich die Möglichkeit in Betracht ziehen, dass es tatsächlich Menschen geben könnte, die das ewige Leben in letzter Instanz nicht für sich verbuchen können. Wer auch immer das womöglich konkret sein mag!
267 1Kor 7,29-32
268 Röm 12,2

Das Ringen um das Durchschreiten der engen Pforte zum Leben hat sehr, sehr viel mit der Ausrichtung des Blickes zu tun. Das Wesen dieser Welt vergeht, unsere Heimat ist ganz woanders und diese Heimat ist der eigentliche Zielpunkt des Evangeliums vom Reich Gottes. In der Spannung zwischen Vergänglichkeit und Ewigkeit brauchen wir die Erneuerung unserer Sinne und eine Einstellung, die aus der Verheißung der zukünftigen Herrlichkeit in der Gegenwart die Freiheit schafft, die Welt nach dem Willen Gottes zu gebrauchen, ohne sie selbst zu brauchen. Und deshalb brauchen wir das ständige Ringen um die Erkenntnis des Evangeliums. Wir brauchen das unermüdliche Nachjagen, das Ausstrecken nach vorne, das Ziel fest im Blick; mit der unvermeidbaren Konsequenz innerer Erneuerung mit äußerlichen Auswirkungen. Und ja, dieses Ringen und daraus folgende Leben kann gegenwärtig durchaus auch mit Anstrengung verbunden sein, aber wie viele Menschen quälen sich zum Beispiel Wochenende für Wochenende durch die neunzig Minuten eines Fußballspiels und zwar nicht unwillig, weil sie müssten, sondern motiviert, weil sie den Sieg vor Augen haben und erlangen wollen. Im Ringen um die enge Pforte muss ich in der vergänglichen Welt kein anstrengendes Leben führen, nein, mit dem Siegespreis der himmlischen Berufung vor Augen will ich nach dem Willen Gottes leben und kann mich deshalb möglichen Anstrengungen getrost stellen.

„So sind wir denn allezeit getrost und wissen: Solange wir im Leibe wohnen, weilen wir fern von dem Herrn; denn wir wandeln im Glauben und nicht im Schauen. Wir sind aber getrost und begehren sehr, den Leib zu verlassen und daheim zu sein bei dem Herrn. Darum setzen wir auch unsre Ehre darein, ob wir daheim sind oder in der Fremde, dass wir ihm wohlgefallen. Denn wir müssen alle offenbar werden vor dem Richterstuhl Christi, auf dass ein jeder empfange nach dem, was er getan hat im Leib, es sei gut oder böse."[269]

Der Heimat getrost, den Sieg vor Augen, ist es für Paulus eine Ehrensache, in der vergänglichen Welt Gott gefällig zu leben. Und darüber hinaus geht er davon aus, dass auch die Glaubenden, also die Geretteten, für ihre Taten einmal Verantwortung übernehmen müssen. Wie auch immer das aussehen mag, ich kann Paulus Gedanken gut nachvollziehen. Unabhängig von der Errettung zum ewigen Leben glaube ich, dass es uns einst beschäftigen wird, wie wir in der gegenwärtigen Welt mit diesem Geschenk umgegangen sind. Ich will, wenn ich Gott von Angesicht zu Angesicht gegenüberstehe, nicht feststellen, dass sein Geschenk an mich bis zum Schluss unausgepackt unterm Osterbaum lag und ich die ganze Zeit unsagbar weniger herrlichen Dingen nachgejagt bin.

„So seht nun sorgfältig darauf, wie ihr euer Leben führt, nicht als Unweise, sondern als Weise, und kauft die Zeit aus, denn die Tage sind böse. Darum werdet nicht unverständig, sondern versteht, was der Wille des Herrn ist. Und sauft euch nicht voll Wein, woraus ein unordentliches Wesen folgt, sondern lasst euch vom Geist erfüllen. Ermuntert einander mit Psalmen und Lobgesängen und geistlichen Liedern, singt und spielt dem Herrn in eurem

---

269 2Kor 5,6-10

Herzen und sagt Dank Gott, dem Vater, allezeit für alles, im Namen unseres Herrn Jesus Christus."[270]

Nichts vom dem, was Paulus hier den Ephesern nahelegte, hat meinem Verständnis nach damit zu tun, dass es nicht der Glaube alleine sein könnte, der rettet. Es geht stattdessen um sein Bemühen, die Geretteten bereits gegenwärtig in möglichst großen Genuss des Geschenks dieser Errettung zu bringen. Denn dies erfordert Sorgfalt und Weisheit, gegenseitige Unterstützung und Fokussierung: „[...] versteht, was der Wille des Herrn ist. [...] lasst euch vom Geist erfüllen". Das Reich Gottes in der gegenwärtigen Welt bedarf der fürsorglichen Annahme. Wer das Reich Gottes nicht annimmt, wie man ein Kind annimmt, wird ihm in dieser Welt nicht näherkommen.

Das Problem längst vernebelter Sinne

Wer auf dem Holzweg ist, ist auf einem Weg im Wald, der zum Holz führt und dann aufhört. Sprichwörtlich meint der Holzweg einen Weg, der nirgends hinführt, also eine Sackgasse. Das Problem am Holzweg ist nicht nur, dass er abgesehen vom eigentlichen Sinn in keiner Weise zielführend ist, sondern auch, wie ich beim Joggen schon feststellen musste, dass man es ihm unter Umständen lange nicht ansieht.

„Es werden nicht alle, die zu mir sagen: Herr, Herr!, in das Himmelreich kommen, sondern die den Willen tun meines

---

270 Eph 5,15-20

Vaters im Himmel. Es werden viele zu mir sagen an jenem Tage: Herr, Herr, haben wir nicht in deinem Namen geweissagt? Haben wir nicht in deinem Namen Dämonen ausgetrieben? Haben wir nicht in deinem Namen viele Machttaten getan? Dann werde ich ihnen bekennen: Ich habe euch nie gekannt; weicht von mir, die ihr das Gesetz übertretet!"[271]

Worte Jesu aus der Bergpredigt.

Nicht wenige, nicht einige, sondern viele werden es sein, die feststellen müssen, dass sie auf dem Holzweg sind oder waren. Und es werden nicht irgendwelche Leute sein, sondern solche, die tatsächlich davon ausgehen, bis dahin in Jesu Namen gehandelt zu haben. Doch den Willen des Vaters im Himmel scheinen sie nicht getroffen zu haben. Auch an dieser Stelle will ich mangels Erkenntnis und Notwendigkeit nicht darauf eingehen, welche Auswirkungen dies für die Ewigkeit vielleicht zu haben vermag. Aber ich möchte auf die offensichtliche Gefahr hinweisen, die unser menschliches Denken angesichts des göttlichen Planes beinhaltet: nämlich daneben zu liegen.

Wie bereits erwähnt, ermahnte Jesus seine Jünger an anderer Stelle, sich nicht darüber zu freuen, dass ihnen auf der Erde die Geister untertan wären, sondern darüber, dass ihre Namen im Himmel geschrieben stünden. Die Welt vermag zu faszinieren und das ist wunderbar, aber genau darin liegt eine unglaublich große Gefahr. Denn Jesus hat diese Welt nicht als Herrscher übernommen, er hat sie als Retter überwunden. Sein Reich ist nicht von dieser Welt und sein Reich passt nicht in diese Welt. Die Gefahr ist deshalb einfach da, zu meinen, man würde ei-

---

271 Mt 7,21-23

nen Gott gefälligen Weg beschreiten, sich stattdessen aber tatsächlich auf dem Holzweg zu befinden.

„Alles ist mir erlaubt, aber nicht alles dient zum Guten. Alles ist mir erlaubt, aber nichts soll Macht haben über mich. [...] Oder wisst ihr nicht, dass euer Leib ein Tempel des Heiligen Geistes ist, der in euch ist und den ihr von Gott habt, und dass ihr nicht euch selbst gehört?"[272]

Worte, die Paulus an die Gemeinde in Korinth richtete, angesichts des dortigen, beschämenden Umgangs von Christen untereinander. Die Welt mit ihren unzähligen Möglichkeiten vermag Menschen zu faszinieren und die Faszination vermag Menschen gefangen zu nehmen. Plötzlich lebt man nicht mehr in der Freiheit des ewigen Reiches Gottes, sondern in der Gefangenschaft der vergänglichen Welt. Plötzlich befindet man sich auf dem Holzweg und weder weiß man es, noch bemerkt man es. Die Absicht, mit der man sich darauf bewegt, mag sogar hervorragend und Gott wohlgefällig erscheinen, aber mit dem Himmelreich hat der Weg ganz einfach letztlich dennoch nichts zu tun.

„Jesus aber sprach zu seinen Jüngern: Wahrlich, ich sage euch: Ein Reicher wird schwer ins Himmelreich kommen. Und weiter sage ich euch: Es ist leichter, dass ein Kamel durch ein Nadelöhr gehe, als dass ein Reicher ins Reich Gottes komme. Da das die Jünger hörten, entsetzten sie sich sehr und sprachen: Ja, wer kann dann selig werden?"[273]

---

272 1Kor 6,12.19
273 Mt 19,23-25

Dass mit dem Reichen, von dem Jesus spricht, nicht nur der Millionär oder gar Milliardär gemeint sein kann, zeigt die Reaktion der Jünger, denn offensichtlich fühlen sie selbst sich auch betroffen. „Sie sehen in Jesu Worten keine Verurteilung einer bestimmten Gruppe von Menschen, sondern die Ablehnung einer Haltung, die mehr oder weniger jedem Menschen eigen ist und die bei den sichtbar Reichen nur besonders deutlich in Erscheinung tritt."[274] Jesus zielt generell ab auf „etwas, über das wir verfügen, auf das wir unser Vertrauen setzen und das sich darum zwischen Gott und uns schiebt"[275].

Aber mal ehrlich, selbst wenn Jesus nur die *sichtbar* Reichen meinen würde, müsste doch auch ich mich angesprochen fühlen, wenngleich ich im Vergleich zu meinem Umfeld unterdurchschnittlich dastehen mag. Sichtbar wird mein Reichtum eben angesichts der Lebensumstände beschämend vieler Menschen in großen Teilen dieser Welt dennoch. Ich meine, wir Christen der reichen Länder sind auch hier auf dem Holzweg, wenn wir glauben, die von Jesus abgelehnte Haltung würde bei uns glücklicherweise NICHT besonders deutlich in Erscheinung treten. Und dieser Holzweg ist nicht zielführend, er hat mit dem Reich Gottes nichts zu tun.

„Aber Jesus ist nicht gekommen, um uns nur dies zu zeigen, sondern er zeigt uns auch die Möglichkeit, die Gott gibt, so zu leben, wie Er will. Weil in Jesus uns Gott in Liebe begegnet, brauchen wir uns nicht mehr auf die Güter dieser Welt zu verlassen, in Abhängigkeit von ihnen zu leben. Paulus hat uns in 1Ko 7 gezeigt, wie sich unser Leben als Christen durch diese

---

274 Wuppertaler Studienbibel, Rienecker, Matthäus, 351
275 Ebenda

von Gott geschenkte Möglichkeit gestaltet. ‚Haben, als hätten wir nicht!'"[276]

Weil in Jesus uns Gott das himmlische Bürgerrecht schenkt und damit die Heimat in seinem ewigen Reich, das nicht von dieser Welt ist, brauchen wir diese Welt schlicht und ergreifend nicht mehr. Was wiederum, wie auch schon erwähnt, nicht heißt, dass wir nicht in der Verantwortung stehen, sie zu gebrauchen.

> „Es werden nicht alle, die zu mir sagen: Herr, Herr!, in das Himmelreich kommen, sondern die den Willen tun meines Vaters im Himmel."[277]

Um den Willen des Vaters tun zu können, ist es hilfreich, den Willen des Vaters auch zu kennen. Ich will nicht ausschließen, dass einige diesen Willen tun, ohne sich dessen bewusst zu sein, was dann auch wunderbar ist, aber ich fürchte, dass es viel verbreiteter ist, zu meinen, man würde den Willen des Vaters kennen und auch tun, mit beidem aber tatsächlich daneben zu liegen.

Und ja, ich kann auch nicht ganz ausschließen, mit dem Schreiben und dem Inhalt dieses Buches daneben zu liegen, deshalb möge auch jeder Leser Gott um den Geist der Wahrheit bitten und ehrlich vor ihm auf die Probe stellen, was ich schreibe.

Der Graben zwischen dem, was die sich mir erschließende frohe Botschaft Gottes ist und für Auswirkungen bei Glaubenden und dadurch auf die Welt haben müsste, und der sich prä-

---

276 Ebenda, 352
277 Mt 7, 21

sentierenden Realität ist für mich jedoch eindeutig viel zu groß; nicht zuletzt bei mir selbst. Und ich ahne, dass es daran liegt, dass wir schlicht den Willen Gottes aus den Augen verloren haben.

Als Paulus im Brief an die Philipper darauf hinwies, dass das Bürgerrecht der Christen im Himmel sei und er dem Siegespreis der himmlischen Berufung nachjage, tat er dies nicht, ohne zu erwähnen, dass es hinsichtlich des Lebensstils viele schlechte Vorbilder gibt. So heißt es:

> „Ahmt mit mir Christus nach, Brüder und Schwestern, und seht auf die, die so wandeln, wie ihr uns zum Vorbild habt. Denn viele wandeln so, dass ich euch oft von ihnen gesagt habe, nun aber sage ich's auch unter Tränen: Sie sind die Feinde des Kreuzes Christi. Ihr Ende ist die Verdammnis, ihr Gott ist der Bauch und ihre Ehre ist in ihrer Schande; sie sind irdisch gesinnt."[278]

Werner de Boor fasste in seinem Kommentar zu dieser Stelle den Sachverhalt irdischer Ausrichtung im Blick auf heute folgendermaßen zusammen: „Christentum ist schön und gut, wir möchten es nicht missen, aber kosten darf es nichts, jedenfalls nicht die Stellung, das Brot, die Zukunft unserer Kinder oder gar Freiheit und Leben!"[279] Mit ihm und Paulus gehe ich davon aus, dass es nicht Gottes Wille ist, als Christ irdisch gesinnt zu sein. Wie aber kann ich von der himmlischen Heimat ergriffen werden und eine himmlische Gesinnung einüben, wenn ich mich nicht damit auseinandersetze?

---

278 Phil 3,17-19
279 Wuppertaler Studienbibel, de Boor, Philipper, 132

Solange das Geschenk des Evangeliums vom Reich Gottes unterm Osterbaum liegen bleibt, kann ich nicht mehr tun, als zu versuchen, Gott in den Dingen, die ich in dieser Welt habe und erlebe, irgendwie einigermaßen sinnvoll unterzubringen. Der Ansatz müsste aber genau umgekehrt sein: Es geht darum, die Dinge dieser Welt im vollständig auf die himmlische Heimat ausgerichteten Leben sinnvoll unterzubringen. Nur diese Ausrichtung hat meines Erachtens etwas mit dem Willen Gottes zu tun.

Im ersten Brief des Johannes können wir lesen:

> „Habt nicht lieb die Welt noch was in der Welt ist. Wenn jemand die Welt lieb hat, in dem ist nicht die Liebe des Vaters. Denn alles, was in der Welt ist, des Fleisches Lust und der Augen Lust und hoffärtiges Leben, ist nicht vom Vater, sondern von der Welt. Und die Welt vergeht mit ihrer Lust; wer aber den Willen Gottes tut, der bleibt in Ewigkeit."[280]

Das hat nichts damit zu tun, dass wir uns nicht an den Wundern der Schöpfung auch erfreuen oder die Möglichkeiten der Welt nicht nutzen sollten, sondern damit, diesen Dingen in der richtigen Ausrichtung genau die Bedeutung zuzumessen, die ihnen zusteht, sich von ihnen nicht gefangen nehmen zu lassen und stattdessen die Freiheit zu besitzen, auch auf alles verzichten zu können; weil unser Reichtum, weil unsere Heimat nicht von und nicht in dieser Welt ist.

---

280 1Joh 2,15-17

Im Lukas-Evangelium wird berichtet, wie Jesus sich der großen Menge zuwandte, die mit ihm ging. Und letztlich sprach er zu ihnen:

„So auch jeder unter euch: Wer sich nicht lossagt von allem, was er hat, der kann nicht mein Jünger sein. Das Salz ist etwas Gutes. Wenn aber das Salz nicht mehr salzt, womit soll man würzen? Es ist weder für den Acker noch für den Mist nütze; sondern man wirft es weg. Wer Ohren hat zu hören, der höre!"[281]

Was anderes bleibt uns da, als zu tun, was der sogenannte reiche Jüngling nach Jesu Ansprache tat: „Er aber wurde betrübt über das Wort und ging traurig davon; denn er hatte viele Güter"[282]? Es ändert sich nichts daran, dass der Weg ins Reich Gottes dennoch offen bleibt, „denn alle Dinge sind möglich bei Gott"[283], aber die Tatsache, dass wir diese von Jesus ausgesprochenen Worte für eine ungemütliche Wahrheit halten, zeigt, wie weit weg wir von der Erkenntnis der frohen Botschaft des Reiches Gottes leider sind. Und das Erschreckende ist gar nicht, dass wir noch irdisch gesinnt sind, sondern dass wir uns so genügsam mit Vergänglichem abspeisen lassen, ohne irgendetwas zu hinterfragen.

So erschreckend wie es ist, so wenig überraschend ist es aber auch. Im zweiten Brief an Timotheus schrieb Paulus diesem:

„So ermahne ich dich inständig vor Gott und Christus Jesus, der richten wird die Lebenden und die Toten, und bei

---

281 Lk 14,33-35
282 Mk 10, 22
283 Mk 10,27

seiner Erscheinung und seinem Reich: Predige das Wort, stehe dazu, es sei zur Zeit oder zur Unzeit; weise zurecht, drohe, ermahne mit aller Geduld und Lehre. Denn es wird eine Zeit kommen, da sie die heilsame Lehre nicht ertragen werden; sondern nach ihrem eigenen Begehren werden sie sich selbst Lehrer aufladen, nach denen ihnen die Ohren jucken, und werden die Ohren von der Wahrheit abwenden und sich den Fabeln zukehren. Du aber sei nüchtern in allen Dingen, leide willig, tu das Werk eines Predigers des Evangeliums, erfülle redlich deinen Dienst."[284]

Die heilsame Lehre erscheint uns leider als eine ungemütliche Wahrheit, die wir wie der reiche Jüngling nicht ertragen. Viel lieber hören wir, wonach uns die Ohren jucken, und die Auswahl scheint mir in dieser Hinsicht inzwischen sehr groß. Prediger gibt es viele, aber Prediger des Evangeliums vom Reich Gottes, die in Nüchternheit ihr Werk tun? Die himmlische Zukunftsperspektive spielt im Allgemeinen meiner Erfahrung nach längst keine große Rolle mehr, stattdessen wird Gottes Wort häufig schlicht dafür verwendet, um die Gegenwart nach unseren Vorstellungen entfalten und rechtfertigen zu können. Wir brauchen die Liebe Gottes heute nicht, um uns unserer himmlischen Heimat bewusst sein zu können, sondern um gegenwärtig Selbstverwirklichung betreiben zu können, als gäbe es nichts Größeres. Wir brauchen seine Vergebung nicht als Brückenschlag in diese Heimat, sondern lediglich zur Befreiung unseres Gewissens, dessen Belastung der Entfaltung eines irdischen Lebens nach unseren eigenen Wünschen im Weg

---

284 2Tim 4,1-5

steht. Und dementsprechend feiern wir Gott auch nicht für die himmlische Zukunftsperspektive, die er uns schenkte, sondern lediglich für den hohen Preis, den er im Tod seines Sohnes am Kreuz zur Vergebung unserer Schuld bezahlte.

Ich will auf keinen Fall und schon gar nicht pauschal Predigern bösen Willen unterstellen, ich sehe den Verlust der Ausrichtung auf das Ziel vielmehr als eine schleichende Entwicklung über eine lange Zeit, die wir entweder nicht wahrgenommen haben oder angesichts unseres Reichtums nicht wahrnehmen wollten. Und wie kann eine Gemeinschaft von Glaubenden, die sich eine eigene frohe Botschaft auf sich selbst zugeschnitten hat, Prediger hervorbringen, die sich der inzwischen ungemütlichen Wahrheit voll und ganz besinnen? „Denn es gibt keinen […] faulen Baum, der gute Früchte trägt."[285] Es ist irgendwann einfach nur noch ein Teufelskreis.

Jesus schloss die Bergpredigt mit einem Bild vom Hausbau. Er sprach:

> „Darum, wer diese meine Rede hört und tut sie, der gleicht einem klugen Mann, der sein Haus auf Fels baute. Als nun ein Platzregen fiel und die Wasser kamen und die Winde wehten und stießen an das Haus, fiel es doch nicht ein; denn es war auf Fels gegründet."[286]

Klug ist der, der die Wahrheit nicht nur hört, sondern zu seinem Fundament, zu seiner Wirklichkeit macht und ausschließlich darauf baut.

---

285 Lk 6,43
286 Mt 7,24f

Es ist logisch, dass ein Haus auf Fels nicht so einfach zum Einsturz zu bringen ist, und deshalb wollen wir unsere Lebenshäuser auch entsprechend bauen. Aber nur, weil jemand mir als Unwissendem einen Untergrund als felsigen verkauft oder weil ich mir vormache, ein Untergrund wäre felsig, weil er mir gefällt und meinen Vorstellungen entspricht, ist er es noch lange nicht.

Ähnlich wie wir heute unsere Wohnhäuser so ziemlich überall bauen, haben wir auch für unseren Glauben die unterschiedlichsten Fundamente, aber wie eben auch zahlreiche Häuser zum Beispiel bei Überflutungen tatsächlich wenig überraschend unter Wasser stehen und unbewohnbar werden, so halten auch viele verwendete Glaubensfundamente dem Sturm letztlich nicht stand. So lange schönes Wetter ist, ist alles gut. Solange unser Leben in einigermaßen geraden Bahnen verläuft und uns unser Wohlstand einen angenehmen Lebensstil ermöglicht, scheint auch ein Glaube, der nicht auf dem Evangelium vom Reich Gottes gründet, Sinn zu machen und stark zu sein. Und in einer Gesellschaft, in der wir uns um die lackierten Stoßstangen unserer teuren Autos oder die Geschwindigkeit unserer Internetverbindung mehr sorgen als um lebensnotwendige Dinge oder die unfassbaren und zahllosen Missstände dieser Welt, ist für Glaubensbotschaften, nach denen die Ohren jucken, der allerbeste Nährboden gegeben.

Das Problem ist dabei nicht, dass wir nicht auf Fels bauen wollten, das erscheint uns durchaus sinnvoll, sondern dass wir es geschafft haben, uns den Sand so lange felsig zu reden, bis wir ihn endlich guten Gewissens als Alternative zum echten Fels nutzen konnten.

Jesus sprach:

"Niemand kann zwei Herren dienen: Entweder er wird den einen hassen und den andern lieben, oder er wird an dem einen hängen und den andern verachten. Ihr könnt nicht Gott dienen und dem Mammon."[287]

Wir stehen am Scheideweg. Es ist sehr wohl möglich, die Wahrheit zu hören und zu kennen und dennoch ein Gefangener dieser Welt zu bleiben. Der reiche Jüngling dient als Beispiel: Er kannte die Wahrheit, doch er ging „betrübt davon; denn er hatte viele Güter"[288]. Freiheit gibt es aber nur dann, wenn die Wahrheit auch zur Lebenswirklichkeit wird.

Mit dem Fundament steht und fällt alles

"Denn es ist erschienen die heilsame Gnade Gottes allen Menschen und erzieht uns, dass wir absagen dem gottlosen Wesen und den weltlichen Begierden und besonnen, gerecht und fromm in dieser Welt leben und warten auf die selige Hoffnung und Erscheinung der Herrlichkeit des großen Gottes und unseres Heilands, Jesus Christus, der sich selbst für uns gegeben hat, damit er uns erlöste von aller Ungerechtigkeit und reinigte sich selbst ein Volk zum Eigentum, das eifrig wäre zu guten Werken. Dies rede,

---

287 Mt 6,24
288 Mt 19,22

140

und ermahne und weise zurecht mit ganzem Ernst. Niemand soll dich verachten."[289]

Nicht nur an Timotheus sandte Paulus mahnende Worte im Blick auf dessen Tätigkeit als Prediger. Auch Titus erinnerte er hier daran, was wirklich wichtig ist. Die heilsame Gnade Gottes ist erschienen, nimmt uns in Zucht und bewirkt Veränderung in uns. Ungöttlichem Wesen und weltlicher Begierde erfolgt die Absage und es beginnt in Eifrigkeit zu guten Werken der Warteprozess auf die Erscheinung der Herrlichkeit Gottes und des Heilands Jesus Christus.

Der entscheidende Punkt ist dabei der auslösende Faktor: die heilsame Gnade Gottes. Es geht nicht um eine Ermahnung, als Christ in dieser Welt besonnen, gerecht und fromm zu leben und eifrig gute Dinge zu tun, sondern darum, dass ich mich von der heilsamen Gnade Gottes dazu erziehen lasse und all diese Dinge von ganz alleine geschehen. Das heißt, ich muss mich der heilsamen Gnade Gottes aussetzen, ich muss mich in Zucht nehmen lassen. Was dann kommt, ist ein Wachstumsprozess, den der Züchter in der Hand hat. Entscheidend ist also, von wem oder was ich den Wachstumsprozess steuern lasse. Entscheidend ist, auf welchem Fundament gebaut wird. Die heilsame Gnade Gottes ist allerdings nicht die Vergebung meiner Schuld durch Jesu stellvertretenden Tod am Kreuz, das ist *lediglich* der Preis, der bezahlt wurde. Die heilsame Gnade ist nicht, dass ich in dieser Welt, durch Vergebung befreit von schlechtem Gewissen, ein besseres Leben habe, das ich nun nach irdischen Maßstäben voll entfalten kann. Das Reich Gottes passt nicht in diese Welt und es wird sich nicht in ihr entfal-

---

289 Tit 2,11-15

ten. Die heilsame Gnade Gottes ist die „Hoffnung auf die Herrlichkeit, die Gott geben wird"[290].

„Wir warten aber auf einen neuen Himmel und eine neue Erde nach seiner Verheißung, in denen Gerechtigkeit wohnt."[291]

Erst wenn mich dieses Evangelium prägen darf, bin ich, so meine ich, nicht mehr auf dem Holzweg. Jede andere Ausrichtung, auf anderen Fundamenten, mag gut gemeint sein und in vielen Fällen sicherlich auch nach unserem Ermessen Gutes bewirken, aber inwiefern damit tatsächlich der Wille Gottes getroffen wird, bleibt für mich nichtsdestotrotz sehr fragwürdig.

„Es werden viele zu mir sagen an jenem Tage: Herr, Herr, haben wir nicht in deinem Namen geweissagt? Haben wir nicht in deinem Namen Dämonen ausgetrieben? Haben wir nicht in deinem Namen viele Machttaten getan? Dann werde ich ihnen bekennen: Ich habe euch nie gekannt; weicht von mir, die ihr das Gesetz übertretet!"[292]

Jesus ermahnte seine Jünger: „Doch darüber freut euch nicht, dass euch die Geister untertan sind. Freut euch aber, dass eure Namen im Himmel geschrieben sind."[293] Und Petrus, den Fels, bedrohte Jesus: „Geh hinter mich, du Satan! Denn du meinst nicht, was göttlich, sondern was menschlich ist."[294]

---

290 Röm 5,2
291 2Petr 3,13
292 Mt 7,22f
293 Lk 10,20
294 Mk 8,33

Ich komme nicht daran vorbei, immer wieder auf ein bestimmtes Thema hinzuweisen. Die Frage, wer unter diesen Umständen gerettet werden kann, findet ihre Antwort zum Beispiel in der Feststellung des Paulus, „dass der Mensch gerecht wird ohne des Gesetzes Werke, allein durch den Glauben"[295]. Und wie die Ansprüche an diesen Glauben sind, das weiß alleine Gott. Dass es sich in dieser Hinsicht auch nicht gleich zu fürchten lohnt, zeigt mir unter anderem eine Antwort Jesu an seine Jünger, die ihn fragten, warum sie einem Knaben einen bösen Geist nicht austreiben konnten: „Er aber sprach zu ihnen: Wegen eures Kleinglaubens. Denn wahrlich, ich sage euch: Wenn ihr Glauben habt wie ein Senfkorn, so könnt ihr sagen zu diesem Berge: Heb dich dorthin!, so wird er sich heben; und euch wird nichts unmöglich sein."[296] Das heißt, auch die Jünger Jesu waren nicht unbedingt Glaubenshelden, und trotzdem gehe ich davon aus, dass sie im Reich Gottes gelandet sind.

Und so liegt mir nichts ferner, als mit den Aussagen Jesu Angst verbreiten zu wollen, sondern ganz im Gegenteil. Ich möchte auf das hinweisen, was ewige Freude bereitet, und Werbung dafür machen, diese Freude schon heute in unser Leben zu lassen. Diese Freude ist jedoch nicht das Produkt veränderter Umstände unseres Lebens, sondern einer veränderten Perspektive für unser Leben. Und in dieser Hinsicht gibt es nur eine Option: Die Orientierung am Evangelium vom Reich Gottes.

Jedes andere Fundament für einen Glauben an Gott wird sich als sandig erweisen, früher oder später. Viele Fundamente mö-

---

295 Röm 3,28
296 Mt 17,20

gen stabil erscheinen, aber eben nur, weil das Wetter noch mit-
macht. Und dieser Anschein führt auf den Holzweg. Dieser
Weg sieht nicht unbedingt schlecht aus, aber er führt nicht ans
eigentliche Ziel. Dass dieser Weg der falsche ist, fällt nicht auf,
denn das Gefühl, auf dem richtigen zu sein, ist ja nicht bekannt. Die Gefahr, bis zum Ende des Weges daneben zu liegen,
die ist für uns, die wir an materiellen Dingen reich sind, groß.

Den Tod nicht zu schmecken, bis das Reich Gottes in Kraft
kommt, ist vielleicht das Schlimmste, das einem Glaubenden
passieren kann.[297] Und das droht eben dann, wenn Blick und
Interesse sich nicht dem Geschenk unter dem Osterbaum widmen, sondern all den Dingen, die wir in dieser Welt bereits haben.

> „Denn das Reich Gottes ist nicht Essen und Trinken, son-
> dern Gerechtigkeit und Friede und Freude im Heiligen
> Geist."[298]

---

297 Nach meinem Verständnis dieser Aussage! Siehe Kapitel *Ein
Plan, der unser Denken sprengt.*
298 Röm 14,17

Glaube und Anfechtung –
Ahnungslosigkeit als Holzweg-Symptom

Eine Gefahr, die sich zu verschleiern weiß

Als Kind Gottes, mit himmlischem Bürgerrecht, in der Fremde der vergänglichen Welt zu leben, ist unweigerlich mit Spannungen verbunden. Nicht umsonst beschreibt Jesus diese Zeit auch als Fastenzeit für seine Jünger.[299] Hinsichtlich der Gefahren, die damit auch verbunden sind, komme ich nicht umhin, den Blick nun etwas ausführlicher auf eine bereits erwähnte Thematik zu lenken. Paulus brachte das Thema der Anfechtung unter anderem auch gegenüber der Gemeinde in Korinth zur Sprache:

> „Und damit ich mich wegen der hohen Offenbarungen nicht überhebe, ist mir gegeben ein Pfahl ins Fleisch, nämlich des Satans Engel, der mich mit Fäusten schlagen soll, damit ich mich nicht überhebe."[300]

Noch während ich diese Worte des Paulus hier an dieser Stelle festhalte, wachsen in mir erhebliche Zweifel, ob ich ihrer Bedeutung mit meinen Gedanken überhaupt ansatzweise gerecht werden könnte. Auch das Studium der Auslegung in der Wuppertaler Studienbibel trägt nicht unbedingt zu mehr Sicherheit bei, aber dennoch will ich nicht darauf verzichten.

Zunächst wird für mich in diesen Worten erneut deutlich, dass die Freiheit, die sich in der Wahrheit verbirgt, in der irdi-

---

299 Siehe Mk 2,18-22
300 2Kor 12,7

schen Gegenwart nichts mit einem von Leid befreiten, unangefochtenen Dasein zu tun haben muss. Paulus war der Wahrheit auf der Spur, er jagte der Erkenntnis unermüdlich nach, er hatte mindestens eine Offenbarung, die ihm unbeschreibliche Einblicke in Gottes Herrlichkeit gewährte, und dennoch war er, abgesehen von ohnehin vorhandenen Unzulänglichkeiten der Vergänglichkeit, auch noch geplagt von Anfechtung, wie auch immer diese konkret ausgesehen haben mag. Entscheidend war dabei jedoch, dass wenngleich er offensichtlich gerne davon befreit gewesen wäre, er diese Schläge des Engels Satans auch getrost hinnehmen konnte, weil er in dieser Welt ohnehin nicht mehr sein Zuhause sah und sich vielmehr auf das ausrichtete, was für danach verheißen ist. Letztendlich konnte er diese Angriffe auf diese Weise gar als hilfreich begreifen, um angesichts seiner Erkenntnisse, seiner Offenbarungen oder seines Wissens in dieser Welt nicht in irgendeiner Form überheblich zu werden und sich etwa auf einen Holzweg zu verirren, sondern stattdessen fokussiert zu bleiben.

Die Problematik für Menschen mit einzigartigem Wissen oder unglaublichen Fähigkeiten wurde schon bei den Jüngern deutlich, die sehr viel mehr davon angetan waren, wie ihnen die Geister gehorchten, als davon, dass ihre Namen im Himmel geschrieben stehen. Macht, Erfolg, Reichtum, Wissen oder Ehre in der vergänglichen Welt, und zwar in jeglicher Hinsicht, bergen schlicht die Gefahr, sich in dieser Welt zu verlieren, anstatt sich bereits gegenwärtig im Reich Gottes wiederzufinden. Die Wahrheit, das Evangelium vom Reich Gottes, zeigt sich in dieser Welt nicht in Anlehnung an die Maßstäbe dieser Welt. Paulus durfte von Gott stattdessen vernehmen:

„Lass dir an meiner Gnade genügen; denn meine Kraft vollendet sich in der Schwachheit."[301]

Und so konnte Paulus guten Mutes sein, „in Schwachheit, in Misshandlungen, in Nöten, in Verfolgungen und Ängsten um Christi willen"[302].

Die zunehmende Erkenntnis der Wahrheit bringt also nicht unbedingt Freiheit oder Befreiung *in* der Welt, sondern vielmehr Freiheit *von* der Welt oder, anders formuliert, Befreiung *aus* der Welt, und zwar aus gutem Grund. Denn während diese Freiheit *von* der Welt gegenwärtig in jeglichen Umständen, also auch in Not oder Abhängigkeit, für wenigstens einen Hauch guten Mutes zu sorgen vermag, birgt die Freiheit *in* dieser Welt eben tatsächlich die große Gefahr, das Evangelium vom Reich Gottes und damit das eigentliche Ziel aus den Augen zu verlieren. Paulus war sich jedoch sowohl seines Zieles als auch dieser Gefahr sehr bewusst und so konnte er es nicht nur guten Mutes ertragen, dass sein Leben in dieser Welt nicht frei von heftigen Schlägen war, sondern es darüber hinaus sogar als hilfreich erachten.

Ich bin mir sehr bewusst, dass diese Worte aus dem zweiten Korintherbrief sehr viel Potenzial für zahlreiche Fragen, Gedanken, Überlegungen und Diskussionen bieten: im Blick auf die Existenz, Rolle und Macht des Teufels in dieser Welt wie auch hinsichtlich der Position Gottes und seines Eingreifens an dieser Stelle. Doch auch hier kann und will ich eben nicht in die Tiefe gehen, weil mir die entsprechende Erkenntnis fehlt. Ich mag nicht im Trüben fischen. Allerdings kann ich doch

---

301 2Kor 12,9
302 2Kor 12,10

147

angesichts dieser und anderer Stellen in der Bibel klar erkennen, dass damals von einer realen Gefahr durch Versuchungen und Anschläge des Teufels, des Satans, des Versuchers, des Fürsten der Finsternis oder wie auch immer man ihn benennen mag, ausgegangen wurde. So ermahnte zum Beispiel Petrus:

> „Seid nüchtern und wacht; denn euer Widersacher, der Teufel, geht umher wie ein brüllender Löwe und sucht, wen er verschlinge. Dem widersteht, fest im Glauben, und wisst, dass ebendieselben Leiden über eure Brüder und Schwestern in der Welt kommen."[303]

Der deutlich ausführlichere Gedanke, den ich bezüglich dieser Thematik deshalb erwähnen möchte, geht der Frage nach, warum wir heute meinem Empfinden nach recht wenig mit teuflischen Schlägen, die damals nicht nur Paulus sehr belasteten, anfangen können.

Aufgrund der Hindernisse, die sich mir in der gesamten Entstehungsgeschichte dieses Buches seit Jahren auftaten und noch auftun, weiß ich aus Erfahrung, wie groß die Skepsis unter Glaubenden alleine hinsichtlich meiner bloßen Überlegungen, ob der Teufel etwas damit zu tun haben könnte, sein kann. Viel einfacher ist es doch, meine Schwierigkeiten schlicht als psychische Probleme zu sehen. Was es demnach dann bräuchte, wäre kein Widerstand, kein Lebenskampf und auch kein Festhalten am Schreiben-müssen, sondern das Loslassen von Altlasten, das Annehmen der Krankheit und die entsprechende Therapie, um ein besseres, irdisches Leben leben zu können.

---

303 1Petr 5,8f

Leider fehlt mir die paulinische Erkenntnis und Gewissheit, dass ich mit Überzeugung behaupten könnte, ich wäre vielleicht aufgrund einer wichtigen Kritik an der heutigen Wahrnehmung des Evangeliums tatsächlich teuflischen Schlägen ausgesetzt. Aber mir ist in jedem Fall bewusst, dass vom damaligen Gespür für die Existenz und das Handeln eines Gegenspielers Gottes, vielerorts heute nicht viel übrig zu sein scheint.

Ich teile eine Meinung, die ich irgendwann irgendwo vernahm: Einer der größten Erfolge des Teufels besteht darin, Menschen in den Glauben geführt zu haben, es gäbe ihn nicht. Und so wundert es mich auch nicht, wenn der Kommentator in der Studienbibel hinsichtlich der Interpretation der von Paulus beschriebenen Schläge eines Engels des Satans bemängelt: „Ohne jeden Grund im Text hat man dies als eine Krankheit verstanden, etwa als Epilepsie, in der Paulus den Angriff einer satanischen Macht gesehen habe"[304].

Es dürfte dem Teufel eine wahre Freude sein, wenn wir seine Anschläge nicht als solche ernsthaft wahrnehmen, denn dann werden wir auch keinen Widerstand vorbereiten.

Ahnungslosigkeit mangels Bedarf an Anfechtung

Ich habe eine Theorie, wie wir zur eben beschriebenen, womöglich doch etwas naiven Einstellung gekommen sind. Und diese liegt schlicht und ergreifend darin, dass wir selbst heute einfach kaum mehr Erfahrungen mit den listigen Anschlägen

---

304 Wuppertaler Studienbibel, de Boor, zweiter Korinther, 234

des Teufels[305] machen. Sollte ich damit recht haben, dann verbirgt sich dahinter jedoch nichts Positives, sondern ein Problem: nämlich, dass wir für den Teufel gar kein Ziel mehr darstellen, weil er sein Ziel im Blick auf uns längst erreicht hat.

Ganz gut veranschaulichen lässt sich dies meines Erachtens zum Beispiel im Blick auf die Versuchungen, denen sich Jesus nach vierzig Tagen und Nächten des Fastens in der Wüste ausgesetzt sah.

> „Und der Versucher trat herzu und sprach zu ihm [Jesus]:
> Bist du Gottes Sohn, so sprich, dass diese Steine Brot werden."[306]

Angesichts des Hungers und der Erschöpfung ermuntert der Teufel Jesus zunächst dazu, seine Gaben zur Stillung des Hungers zu missbrauchen. „Warum soll man nun die Gaben nicht gebrauchen, die man besitzt, zumal Not vorhanden ist? Die Gaben sind doch deshalb gegeben, damit wir sie benutzen! Das ist der Sinn der satanischen Versuchung! – Was ist darauf zu entgegnen? [...] Der Satan wollte Jesus dazu verleiten, die Wundergaben, die ihm zur Aufrichtung des Reiches Gottes anvertraut sind, willkürlich, nach eigenem Ermessen zu verwerten."[307]

Dass die Kühlschränke der meisten Christen reicher Länder wie Deutschland meist reichlich gefüllt sein dürften, ist nun nicht das Problem, sondern dass wir uns von der Abhängigkeit und vom Willen Gottes, des Gebers, hinsichtlich unserer Nah-

---

305 Vergleiche Eph 6,11
306 Mt 4,3
307 Wuppertaler Studienbibel, Rienecker, Matthäus, 66

rungsmittel längst losgesagt haben. Anders als Jesus, der sich an einem ganz wunden Punkt nicht dazu hinreißen ließ, seine Möglichkeiten zu missbrauchen, um seinen Hunger zu stillen, denken wir, unangefochten, über den Missbrauch unserer Möglichkeiten zum Zwecke des Nahrungsmittelhaushalts eben nicht einmal mehr nach.

Wie also sollte der Teufel mit einem grundlegenden und unbedingt lebensnotwendigen Bedürfnis als Lockmittel noch in irgendeiner Form an uns herantreten, um uns auf den falschen Weg zu bringen? Wir könnten doch schon gar nicht mehr verführt werden, bewusst willkürlich und eigenmächtig zu entscheiden, wie wir mit unseren von Gott gegebenen Mitteln und Möglichkeiten umgehen, denn wir befinden uns längst weit darüber hinaus in Verhaltensmustern, die dem Teufel kaum sympathischer sein könnten. Wir sehen in unserem überreichen Versorgtsein an Nahrungsmitteln ein Geschenk Gottes an uns, begreifen aber nicht und wollen es auch nicht begreifen, dass wir weit über die eigentliche Zusage Gottes hinaus, nach der er uns mit Nahrung versorgt, längst Gefangene einer geradezu pervertierten Missbrauchswirtschaft sind.

Worte Jesu aus der Bergpredigt:

> „Seht die Vögel unter dem Himmel an: Sie säen nicht, sie ernten nicht, sie sammeln nicht in die Scheunen; und euer himmlischer Vater ernährt sie doch. Seid ihr denn nicht viel kostbarer als sie? [...] Trachtet zuerst nach dem Reich Gottes und nach seiner Gerechtigkeit, so wird euch das alles zufallen."[308]

---

308 Mt 6,26.33

Zu glauben, die schier unerschöpflichen futtertechnischen Möglichkeiten, die sich uns bieten, hätten etwas mit dieser Zusage zu tun, ist in meinen Augen kompletter Unsinn. Jesus hätte angesichts seiner Situation in der Wüste problemlos Brot aus Steinen machen können und dafür unser Verständnis erfahren, aber er hat diese Möglichkeit nicht genutzt. Er hat sich dagegen entschieden, seine göttliche Gabe, die einem höheren Ziel diente, zur Stillung seines irdischen Hungers einzusetzen. Er hat sich entschieden, stattdessen in dieser Hinsicht auf seinen Vater zu vertrauen.

Heute bieten sich im Nahrungsmittelbereich grenzenlose Möglichkeiten und wir Reichen haben die Mittel, sie zu nutzen. Wir nutzen sie und wir denken nicht darüber nach, im besten Fall oberflächlich. Wir machen aus Steinen in Form von Eurostücken nicht nur Brot, sondern zu jeder Zeit wonach uns gerade ist. Einerseits, weil wir es können und eben nicht begreifen, dass wir uns auf dem Holzweg befinden, andererseits durchaus auch, weil wir uns einreden, wir könnten ja gar nicht anders.

Wir haben uns schon lange davon gelöst, uns hinsichtlich lebensnotwendiger Nahrung von Gott versorgen zu lassen und darauf zu vertrauen, dass er ausreichend gibt. Wenn es anders wäre, dann würden wir die uns zur Verfügung stehenden Mittel schlicht und ergreifend anders einsetzen. Oder kann es ernsthaft etwas mit göttlicher Versorgung zu tun haben, wenn wir hemmungslos auf Fleisch zurückgreifen, das aus unwürdiger, lediglich konsum- und profitorientierter Massentierhaltung stammt? Sollte es wirklich eine Gabe Gottes sein, wenn wir Dinge wie Kaffee, Bananen oder was auch immer verzehren, deren Anbau mit der Ausbeutung von Mensch und Umwelt in ohnehin armen Teilen der Welt einhergeht? Um nur zwei klassische Beispiele zu nennen.

Es könnte sein, dass es nicht ganz einfach sein mag, aus vorhandenen Gewohnheiten umfassend auszusteigen, alleine weil zum Beispiel entsprechende Läden oder bestimmte notwendige Produkte aus fairer Produktion womöglich nur schlecht oder gar überhaupt nicht greifbar sind. Aber dass wir aus finanziellen Gründen nicht anders könnten, stimmt viel häufiger nicht, als wir es wahrhaben wollen. An dieser Stelle fehlt in erster Linie schlicht die Freiheit zum Verzicht, insbesondere zum Verzicht auf Dinge, die tatsächlich nicht lebensnotwendig sind, wenngleich wir das gerne anders behaupten. Wir hätten locker die Möglichkeit, viele Produkte aus ethisch sauberem Anbau mit fairen Preisen zu bezahlen, anstatt den Superbilligangeboten der Discounter zu erliegen, aber dafür müssten wir halt an anderen Stellen sparen. Nur besitzen wir eben allzu oft nicht die nötige innere Freiheit, ein weniger luxuriöses Auto zu kaufen, einen vernünftigeren Urlaub zu buchen, ein kleineres Haus zu bauen oder in vielen kleineren und größeren Angelegenheiten sogar ganz verzichten zu können, um wirklich notwendige Dinge ihren Preis auch wert sein lassen zu können. Fehlende innere Freiheit, die genau damit einhergehen würde, wenn wir unsere Heimat aus dieser Welt ins Reich Gottes verlegen würden.

Dass unser bloßes Bewusstsein für die große Problematik im Umgang mit Nahrungsmitteln zu klein ist, beziehungsweise klein gehalten wird, und dementsprechend auch unser Widerstand gegen die Missbrauchswirtschaft, zeigt mir ganz eindrücklich, wie gefangen wir hier bereits sind. Während Jesus hinsichtlich seines Hungers und der Möglichkeiten, diesen zu stillen, noch anfechtbar war, bedarf es dem Teufel solcher Versuchung im Blick auf uns gar nicht mehr, denn wir sind ihr längst erlegen und nutzen alle Möglichkeiten, die sich uns bieten; ob sie dafür von Gott vorgesehen sind oder nicht. Anstatt dass wir uns, das Reich Gottes vor Augen, darauf verlassen, dass Gott uns versorgt, versorgen wir uns mit den uns von Gott anvertrauten Mitteln, die der Vergegenwärtigung seines Reiches dienen sollten, nach unserem eigenen Ermessen auf übertriebene und teils abartige Weise selbst, getrieben von der Sorge, zu kurz zu kommen oder etwas zu verpassen.

Und völlig problemlos lässt sich diese Problematik über den Nahrungsmittelbereich hinaus auf alle Bereiche lebensnotwendiger Produkte, wie zum Beispiel Kleidung, ausdehnen. Auch diese Thematik hat Jesus in der Bergpredigt aufgegriffen und auch in dieser Hinsicht besteht für den Teufel längst kein Handlungsbedarf mehr, was uns betrifft, denn wir verhalten uns schon so, wie es ihm gefällt. Wir kaufen Kleidung zu untragbar niedrigen Preisen, die nur dadurch möglich sind, dass in Indien, Bangladesh und vielen anderen Ländern Kinder und Erwachsene auf eine Weise ausgebeutet werden, die uns eigentlich doch zutiefst beschämen müsste. Wir selbst erheben den Anspruch, in dem, was wir tun, fair bezahlt zu werden, aber sind wir auch bereit, die faire Bezahlung anderer mitzutragen?

> „Alles nun, was ihr wollt, dass euch die Leute tun sollen, das tut ihr ihnen auch! Das ist das Gesetz und die Propheten."[309]

---

309 Mt 7,12

Ich glaube nicht, dass uns die ganze Tragweite dieser Forderung Jesu aus der Bergpredigt tatsächlich bewusst ist. Es ist bedenklich, wenn wir einen Blick darauf werfen, wie viel Zeit und Geld wir in Unternehmungen und Luxusgüter irdischer Selbstverwirklichung stecken und andererseits meinen, Zeit und Geld für eine bewusstere und fairere Versorgung mit tatsächlich notwendigen Dingen dagegen nicht zu haben. Wie ist es bloß möglich, zu glauben und zu predigen, Gott würde in Dingen dieser Welt eingreifen und Wunder an uns tun, während wir eine Lebensführung pflegen, der es an Bewusstsein hinsichtlich ihrer Verwerflichkeiten unsagbar mangelt? Wir leben einen Widerspruch, der doch eigentlich unmöglich zu verleugnen ist.

Ich muss klarstellen, dass es mir an dieser Stelle gar nicht darum geht, von Christen deshalb Verhaltensänderungen zu fordern, weil es nicht von Gott gewollt ist, was wir tun. Es ist nicht meine Absicht, mit dem, was ich schreibe, irgendjemandem ein schlechtes Gewissen zu machen, um eben dadurch ein verändertes Konsumverhalten zu bewirken. Ich wünsche mir stattdessen, dass wir uns damit auseinandersetzen, was Gott uns eigentlich schenkt. Und dementsprechend geht es mir darum, Symptome dafür aufzuzeigen, dass wir auf unserem irdischen Lebensweg im Moment vielerorts einfach furchtbar auf dem Holzweg unterwegs sind. Auf diesem Weg fördern wir entsprechende Verhaltensweisen zu Tage, die uns nicht wirklich gut tun und die automatisch drastisch abnehmen könnten, würden wir diesen Holzweg verlassen.

Und dass wir nun wenig zum Thema Anfechtung zu sagen haben, weil wir für den Teufel aufgrund unserer ohnehin schon äußerst erschütternden Verhaltensmuster als Zielscheibe überhaupt nicht interessant sind und uns folglich die Erfahrung damit fehlt, ist für mich ein eindeutiger Hinweis auf diesen Holzweg.

Auch geht es mir unverändert nicht im Allergeringsten darum, die himmlische Zukunft von Glaubenden angesichts irdischen Fehlverhaltens in Frage zu stellen und irgendeine Form von Werksgerechtigkeit zu proklamieren – Glaube allein rettet –, sondern vielmehr um die Freude und die damit womöglich verbundene Veränderung von Umständen, die wir heute verpassen, wenn wir uns nicht vom Ausblick auf die verheißene Zukunft im Reich Gottes, das nicht von dieser Welt ist, prägen lassen.

Es wäre auch nach wie vor ein tiefes Missverständnis, wenn man aus meiner Theorie der *Unangefochtenheit mangels Bedarf* schließen würde, dass der richtige Weg aufgrund der damit dann einhergehenden Anfechtungen unbedingt ein Weg des Leidens wäre. Ganz im Gegenteil, es wäre selbst im schlimmsten Fall immer noch ein Weg guten Mutes, wie es Paulus zum Ausdruck bringt, in Schwachheit, in Misshandlungen, in Nöten, in Verfolgungen und Ängsten. Denn es geht ja eben nicht darum, Verhaltensmuster zu ändern, Verzicht zu üben, gegen den Strom zu schwimmen und einen Leidensweg einzuschlagen, weil der andere Weg nicht dem entspricht, was Gott von uns fordert. Sondern es geht darum, weil es nichts Besseres gibt, bereits gegenwärtig einen Weg des Lebens im Reich Gottes einzuschlagen und dadurch in Freiheit sowie angesichts der himmlischen Perspektive auch guten Mutes gar nicht mehr anders zu wollen und zu können, als Gott wohlgefällige Verhaltensmuster zu leben.

Damit einhergehende Anfechtung und ohnehin vorhandenes mögliches irdisches Leiden wären deshalb nicht unbedingt schmerzfrei, aber sie würden, wie Paulus es beschrieb, „nicht ins Gewicht fallen gegenüber der Herrlichkeit, die an uns offenbart werden soll"[310]. Und ja, ich meine, mir anmaßen zu dürfen, Derartiges zu schreiben, denn ich weiß aus der Erfahrung von über dreißig Jahren seelischen Schmerzes sehr wohl, was es heißt, zu leiden und auszuhalten.

Glaube, der den Teufel nicht kümmert

„Da führte ihn [Jesus] der Teufel mit sich in die heilige Stadt und stellte ihn auf die Zinne des Tempels und sprach zu ihm: Bist du Gottes Sohn, so wirf dich hinab; denn es steht geschrieben (Psalm 91,11-12): ‚Er wird seinen Engeln für dich Befehl geben; und sie werden dich auf den Händen tragen, damit du deinen Fuß nicht an einen Stein stößt.'"[311]

Bei dieser zweiten Versuchung ging es dem Teufel nicht ausschließlich darum, Jesus dazu zu bewegen, seinen Vater durch bewusst riskantes und mit fatalen Folgen einhergehendes Verhalten zum Eingreifen zu zwingen. So könnte man meinen, wenn man lediglich den dabei zitierten Vers in den Blick nimmt. Doch dafür hätte es nicht des Weges zum Tempel nach

---

310 Röm 8,18
311 Mt 4,5f

Jerusalem bedurft. Die Versuchung lag für Jesus viel mehr darin, den ihm gewissen, göttlichen Beistand an einem belebten Ort zur Untermauerung seines Auftrags vielen Augenzeugen spektakulär zu präsentieren.[312]

Aber indem „Jesus auch diese Versuchung zurückweist, erklärt er, daß er die ihm vom Vater versprochenen wunderbaren Hilfeleistungen nur zur Rettung aus solchen Lagen in Anspruch nehmen werde, in die der Vater ihn hineinführen will und aus denen der Vater ihn wieder herausretten will (z. B. bei der Stillung des Sturmes usw.). Jesus verzichtet darum für alle solche Gegebenheiten, die nicht im Plane Gottes liegen, auf jeden göttlichen Beistand. [...] Die Majestät des allmächtigen Gottes erheischt es, daß unser Vertrauen auf ihn ein unbedingtes sein soll. Wir dürfen ihm jede Hilfe zutrauen, aber keine einzige ihm vorschreiben."[313]

Ich bin davon überzeugt, dass wir uns auch hinsichtlich dieser Thematik längst jenseits teuflischen Interesses an uns befinden.

Zum einen glaube ich dies, weil wir uns ganz selbstverständlich tagtäglich in Situationen begeben, in denen wir unsere begrenzte Macht über Leib und Leben überschätzen oder gar komplett aus der Hand geben und Gefahren überhaupt nicht mehr ernst nehmen. Als wenige Beispiele von vielen seien lediglich die Geschwindigkeiten erwähnt, mit denen wir uns im Straßenverkehr bewegen, oder die Risiken, die wir auf der Skipiste einzugehen bereit sind. Wir zwingen Gottes Engel bereits den ganzen Tag auf die Autobahn. Mit welchen Gefahren im Alltag könnte der Teufel uns denn überhaupt noch anstacheln,

---

312 Vergleiche Wuppertaler Studienbibel, Rienecker, Matthäus, 67f
313 Wuppertaler Studienbibel, Rienecker, Matthäus, 68

Gottes Hilfe einzufordern? Ganz zu schweigen von der fehlenden Notwendigkeit, dass er uns angesichts einer gänzlich ins Reich Gottes verlegten Heimat in irgendeiner Form wie Jesus dazu versuchen müsste, Gottes Macht auf der Erde sichtbar zu demonstrieren.

Ohne Zweifel handeln wir nahezu ausnahmslos nicht bewusst fahrlässig, also einfach riskant aus der Sicherheit der Gewissheit heraus, dass Gott gegebenenfalls eingreift, aber genau dieser Umstand der Bewusstlosigkeit verhindert letztlich auch Verhaltensformen, die dem Teufel unsympathisch sein könnten und ihn damit zum Eingreifen nötigen würden. Erst wenn wir darüber erschrecken würden, wie oft wir den himmlischen Schutzengel in selbstverständlichen, alltäglichen Situationen, die jedoch von Gott schlicht und ergreifend so nicht vorgesehen sind, zum Eingreifen zwingen, könnten wir an den Punkt kommen, an dem wir unser Verhalten überdenken und in eine Richtung ändern, die dem Teufel nicht gefällt. Aber wer schon auf dem Holzweg ist, muss dorthin eben auch nicht geführt werden.

Besonders erschreckend finde ich es, wenn es dann so kommt, wie ein aktuelles Beispiel es zeigt. Man ist sich schon lange durchaus sehr bewusst, dass der Straßenverkehr große Gefahren birgt und man ist sehr bestrebt, den Straßenverkehr für alle Beteiligten sicherer zu machen. Aber anstatt dass der Mensch vernünftigerweise alles daran setzen würde, die Verantwortung des Fahrers für das Führen eines Fahrzeugs ins Bewusstsein zu rufen und den Ablenkungen während des Fahrens, den zu langen Lenkzeiten oder den übertriebenen Geschwindigkeiten ein Ende zu setzen, ist die Lösung des Problems, das Fahren vollends ganz autonom dem Fahrzeug übergeben zu wollen. Anstatt also mithilfe unserer Vernunft selbst Verantwortung für unser Leben zu übernehmen, geben wir es lieber in die Hände der Technik. Nun ist es keineswegs so, dass ich gegen technischen Fortschritt wäre, aber mir fehlt an dieser Stelle, wie auch an vielen anderen, die Option, auch den Rückschritt als Fortschritt in Betracht zu ziehen. Und mit unserem Glauben an das Internet könnte ich hier nun seitenlang weitermachen. Wir bewegen uns von einem Holzweg zum nächsten. Und der Teufel lacht sich tot.

Der zweite Punkt, weswegen ich glaube, dass im Blick auf eine Versuchung Gottes kein Bedarf teuflischer Anfechtung besteht, liegt in einem schmalen Grat, auf dem wir gerne wandeln und von dem wir oft genug abstürzen. Diesen beschreiten wir genau dann, wenn wir göttliche Bewahrung rückblickend in Situationen hineininterpretieren, die mit Gottes Eingreifen entweder nichts zu tun hatten oder dieses erzwangen, und wir diese Situationen dann womöglich auch noch zur Untermauerung seiner Liebe zum Betroffenen missbrauchen. Womöglich war es göttliche Bewahrung, als ich einst auf der Skipiste doch noch die Kurve bekam, anstatt aufgrund unangepasster Geschwindigkeit in der Bodenwelle vollends die Kontrolle zu verlieren und in den angrenzenden Wald abzufliegen. Aber sollte ich mich dieses möglichen göttlichen Eingreifens, das allein meiner Selbstüberschätzung geschuldet gewesen wäre, tatsächlich rühmen? Wie sollte ich angesichts der Tatsache, dass ein Freund, ebenfalls ein Kind Gottes, auf der Piste in guter Absicht sein Leben verlor, aus meiner persönlichen Erfahrung schließen, dass auf Gottes Hilfe immer Verlass ist?

Es ist nicht Gottes Plan, uns auf der Erde am Leben zu erhalten. Und ich glaube nicht, dass wir irgendjemandem einen Gefallen tun, wenn wir die vom Vater versprochenen wunderbaren Hilfeleistungen zur Rettung aus Lagen in Anspruch nehmen, in die uns der Vater nicht selbst hineinführt. Zumindest nicht, ohne diese Hilfeleistung in engsten Zusammenhang mit dem Evangelium vom Reich Gottes zu stellen. Der Umgang mit solchen Situationen, die von Gott nicht gewollt sind, der aus der erzwungenen Bewahrung vor Verletzung oder Tod Werbung für ein Leben mit Gott macht, geht nicht nur am Heilsplan Gottes vorbei, sondern spielt auch dem Teufel in die Karten. Und zwar ganz einfach, weil der Fokus dann auf dem irdischen Leben liegt, anstatt auf der himmlischen Ewigkeit, und weil, nicht zuletzt, auf diese Weise nicht weniger bewirkt wird, als dass diejenigen vor den Kopf gestoßen werden, denen diese Bewahrung verwehrt blieb oder bleibt. Nur weil wir Gott zwar jede Hilfe zutrauen dürfen und sollen, steht es uns noch lange nicht zu, ihm diese nach jeder Situation mit nach unserem Ermessen positivem und scheinbar wunderbarem Ausgang rückwirkend zuzuschreiben und damit quasi nachträglich vorzuschreiben. Tun wir dies und nutzen dies, um Gottes Macht und Liebe zu demonstrieren, dann tun wir, wenngleich wir es vielleicht gut meinen, auf eine versteckte Art und Weise eben nichts anderes, als das, wozu der Teufel Jesus versuchen wollte: Dann missbrauchen wir Gottes Verheißung seiner Bewahrung als von Gott nicht benötigtes und deshalb auch unbrauchbares Werkzeug bei der Vergegenwärtigung seines Reiches.

Wenn Jesus zum Beispiel zwar den Gerasener, den er von unreinen Geistern befreite, dazu aufforderte, den ihm Nahestehenden von dieser großen Wohltat zu berichten[314], so gibt es andererseits auch zahlreiche Beispiele, bei denen Jesus die Geheilten dazu ermahnte, niemandem von ihrem Glück zu erzählen. Zu einem geheilten Aussätzigen sprach er: „Sieh zu, dass du niemandem etwas sagst"[315]. Genau darum bat er auch einen Taubstummen sowie alle, die Zeugen dessen Heilung wurden, während er einen Blinden nach der Heilung dazu ermahnte, nicht ins Dorf zu gehen, sondern schlicht nach Hause.[316]

Dass der Aussätzige nicht schwieg, sondern seine Geschichte bekannt machte, hatte zur Folge, dass Jesus durch die Aufmerksamkeit, die durch diese Wundertat ausgelöst wurde, in seinen Möglichkeiten der Predigt des Evangeliums vom Reich Gottes eingeschränkt war. Das Wunder auf der Erde war nun mal interessanter als die Rede von der himmlischen Zukunft. Und genau darin liegt ein großes teuflisches Interesse, uns nämlich die Erde mit vergänglichen Dingen schmackhaft zu machen, damit wir uns darin verlieren.

Der Teufel kann nicht das Geringste dagegen tun, dass der Glaubende am Ende der Welt den Weg ins Himmelreich findet, aber er kann verhindern, dass der Glaubende bereits heute davon profitiert, anderen von dieser Perspektive erzählt und dadurch die Welt auf eine dem Teufel verhasste Weise verändert.

Der Teufel ist an dieser Stelle jedoch längst arbeitslos, denn wir sind bereits meisterhaft darin, von einem Glauben zu reden, der viel mehr auf einem irdischen und damit nicht unerschütterlichen Fundament gegründet ist als auf dem Evange-

---

314 Siehe Mk 5,1-20
315 Mk 1,44
316 Siehe Mk 7,31-37; Mk 8,22-26

lium vom kommenden Reich Gottes. Es war und ist aber nicht im Interesse Jesu, durch Wunder Aufmerksamkeit auf sich zu ziehen, wenngleich er Wunder tat und wahrscheinlich immer noch tut. Es war und ist sein Interesse, einen Glauben zu wecken, der stattdessen auf dem von ihm gepredigten Evangelium gründet.

Jesus sprach zum zweifelnden Thomas:

> „Weil du mich gesehen hast, darum glaubst du? Selig sind, die nicht sehen und doch glauben!"[317]

Nicht sehen und doch glauben, das ist für uns heute leider keine Option. Aber das Problem ist gar nicht, dass wir das nicht wollten, sondern dass wir es in tiefer irdischer Gesinnung gar nicht wollen können. Es hat eine Selbstverständlichkeit für uns, dass Gottes Handeln im irdischen Leben des Glaubenden auf eine Weise sichtbar wird, die über die bloße himmlische Perspektive und ausschließlich daraus folgende Veränderungen weit hinausgeht. Das Resultat daraus ist jedoch ein Glaube, der diese Welt braucht, und keiner, der sie mit Jesus überwindet. Wir sind dementsprechend hinsichtlich des Missbrauchs der wunderbaren Hilfeleistungen Gottes nicht anfechtbar, weil wir auch dieser Versuchung längst erlegen sind, ohne es zu merken. Und es gilt: „Die Versuchung ist am gefährlichsten, die gar nicht wie eine Versuchung aussieht"[318].

---

317 Joh 20,29
318 Wuppertaler Studienbibel, Rienecker, Matthäus, 66

Ein Fest nach unseren Vorstellungen

Nun war Jesus im Hunger nicht zu verleiten, seine Möglichkeiten zu missbrauchen, auch ließ er sich angesichts seiner Aufgabe nicht dazu hinreißen, ein Zeichen zu setzen, dessen es nicht bedurfte. Also reizte der Teufel ihn, seine Aufgabe doch einfach mal schnell vermeintlich zu erfüllen.

> Der Teufel führte Jesus „mit sich auf einen sehr hohen Berg und zeigte ihm alle Reiche der Welt und ihre Herrlichkeit und sprach zu ihm: Das alles will ich dir geben, wenn du niederfällst und mich anbetest."[319]

„Der verführerische Anschlag Satans bestand also in der zweiten Versuchung darin, daß Jesus bei dem Gang Seines Werkes den irdischen Messiaswünschen des fleischlichen Israels willfahren sollte."[320] Doch Jesus ging auch darauf nicht ein, denn dazu war er nicht gekommen. Er war gekommen, um König eines ewigen Reiches zu werden, aber eben nicht eines Reiches dieser Welt. Er war nicht gekommen, um irdischen Wünschen zu entsprechen, sondern um den Plan seines Vaters auszuführen und davon ließ er sich nicht abbringen.

Würde doch bloß die Perspektive einer himmlischen Zukunft im Reiche Gottes, unseres Vaters, unser Handeln, Denken und Sein in der gegenwärtigen Welt umfassend bestimmen, dann könnte der Teufel uns endlich versuchen, Gottes Reich auf der

---

319 Mt 4,8f
320 Wuppertaler Studienbibel, Rienecker, Lukas, 109. Es ist deshalb von der zweiten Versuchung die Rede, weil Lukas die Versuchungen anders angeordnet hat. Die Rede ist also hier von der Versuchung, die bei Matthäus die dritte ist.

Erde errichten zu wollen! Wenngleich wir vielleicht nicht bewusst an diesem Reich arbeiten, zu dem der Teufel Jesus verführen wollte, so arbeiten wir aber auch gewiss nicht am ewigen Reich Gottes, solange sich unsere Hoffnung hinsichtlich des Handelns Gottes in erster Linie auf das vergängliche Geschehen der Gegenwart konzentriert.

„Hoffen wir allein in diesem Leben auf Christus, so sind wir die elendesten unter allen Menschen."[321]

Sicher, Paulus krönte mit dieser Aussage im ersten Brief an die Korinther seinen energischen Widerspruch gegen die Leugnung der Auferstehung und hatte damit an dieser Stelle mehr als nur die Absicht, den Blick der Gemeinde in die richtige Richtung zu lenken, wieso aber sollte der Vers dann nicht auch Bedeutung in weniger wichtiger Hinsicht haben? Wenn mit der Auferstehung der christliche Glaube in Gänze steht und fällt, was Paulus hier zum Ausdruck brachte, dann kann doch die Perspektive über die Vergänglichkeit hinaus in heutiger Verkündigung und heutigem Glaubensleben nicht nur etwas mehr als eine Randnotiz sein. Solange die frohe Botschaft, die heute gepredigt und geglaubt wird, ihren Schwerpunkt jedoch darin hat, Gottes Liebe als Kraft positiver Veränderung irdischen Lebens darzustellen, ohne das notwendige Fundament gelegt zu haben, bauen wir damit nicht mehr als ein Luftschloss. Es mag ein schönes Luftschloss sein, aber eben ein Luftschloss. So lange das Wetter mitspielt, wird es sogar bestehen bleiben, aber wehe, es kommt ein echter Sturm. Es gibt Menschen, denen dieses Luftschloss dann nicht im Geringsten zu helfen vermag,

---

321 1Kor 15,19

und Menschen, denen es schon von vornherein als der blanke Hohn erscheint. Denjenigen, der in dieser Welt mit Füßen getreten wird, wird die oberflächliche Predigt von einer in eben dieser Welt zum Ausdruck kommenden Liebe Gottes eher abstoßen als anziehen.

Gewiss steckt zum Beispiel auch nichts Verwerfliches hinter Botschaften christlicher Jugendarbeit, die Kindern und Jugendlichen helfen, Krisenzeiten in ihrer Persönlichkeitsentwicklung zu überstehen, aber wenn das Evangelium darüber hinaus nichts zu sagen hat, dann ist es nicht das Evangelium, das Jesus predigte, und das Beste bleibt damit folglich im Verborgenen. Ich denke, es ist kein Zufall, dass sich viele Jugendliche zunächst für einen Glauben begeistern lassen, ein Großteil davon jedoch später als Erwachsene keinen Zugang mehr zu diesem Glauben hat. Solange wir ein Evangelium verkündigen, das seine Kraft lediglich darin hat, in der vergänglichen Welt durch Schwierigkeiten hindurch zu einem nach menschlichem Denken gelingenden Leben zu gelangen, anstatt einer frohen Botschaft, die weit über diese im Argen liegende Welt hinaus die Perspektive einer himmlischen Heimat nach Gottes Plan ins Zentrum stellt, wird sich daran nicht sehr viel ändern.

Der Teufel hat nicht sein größtes Problem damit, wenn Menschen zum Glauben kommen, solange es nicht mehr als ein Glaube ist, der am Ende zwar vielleicht sogar zu retten vermag, der dem Menschen bis dahin aber lediglich eine Freiheit in dieser Welt vorgaukelt, anstatt ihm die Freiheit von ihr tatsächlich zu eröffnen. Offensichtlich fanden ja selbst nicht alle derjenigen, die Jesu Predigten persönlich hörten, unmittelbar den Weg in eben diese Freiheit, und heute wäre dies sicherlich nicht anders, aber die Tatsache, dass die Zukunftsperspektive der himmlischen Heimat gegenwärtig auf umfassende Weise zugunsten vergänglicher Hoffnungen verdrängt wurde, ist eine Katastrophe. Und der Teufel muss dafür keinen Finger mehr krumm machen.

„Und Jesus fing an und redete abermals in Gleichnissen zu ihnen und sprach: Das Himmelreich gleicht einem König, der seinem Sohn die Hochzeit ausrichtete. Und er sandte seine Knechte aus, die Gäste zur Hochzeit zu rufen; doch sie wollten nicht kommen. Abermals sandte er andere Knechte aus und sprach: Sagt den Gästen: Siehe, meine Mahlzeit habe ich bereitet, meine Ochsen und mein Mastvieh ist geschlachtet und alles ist bereit; kommt zur Hochzeit! Aber sie verachteten das und gingen weg, einer auf seinen Acker, der andere an sein Geschäft."[322]

Gewiss, die Zeit auf der vergänglichen Welt stellt eine Art Zwischenzeit dar und das königliche Hochzeitsfest ist bis zur Wiederkunft Jesu lediglich auf eine indirekte Weise wahrnehmbar, aber so wenig sich die geladenen Gäste im Gleichnis für dieses Fest interessieren, so wenig interessiert es uns und so wenig leben wir auch aus einer Vorfreude auf diese Hochzeit heraus. Das Himmelreich als ein Fest gleich einer königlichen Hochzeit, das Gott ausrichtet, scheint für uns gegenwärtig nicht attraktiv, denn dafür müssten wir schließlich die Welt hinter uns lassen. Viel lieber bleiben und leben wir in dem, was wir haben, und lassen uns davon prägen, anstatt uns genau davon zu befreien, uns von der himmlischen Perspektive prä-

---

322 Mt 22,1-5

gen zu lassen und auf diese Weise wahrhaftig neues und erfülltes Leben zu beginnen.

Ein schönes oder vielleicht besser gesagt unschönes Bild für die Verkehrung unserer Ausrichtung in unserem Glauben habe ich für mich auch in der Art und Weise entdeckt, wie heutzutage Hochzeiten über die Bühne gehen. Während Jesus im Blick auf das Himmelreich von einem Fest sprach, das der König seinem Sohn ausrichtet, und während die christliche Gemeinde dabei allgemein gerne als die Braut interpretiert wird, die in Jesus ihren Bräutigam hat, liegen Organisation und Durchführung heutiger Hochzeiten meiner Erfahrung nach zuallererst in den Händen der Braut und damit bei genau der Person, die früher in dieser Hinsicht vermutlich am allerwenigsten zu sagen hatte. In unserer Zeit sind Hochzeiten Feste der Bräute, während das Himmelreich ein Fest ist, das der Vater des Bräutigams gibt. Und ganz ehrlich, mir ist dabei völlig egal, ob ich vorher verstehe, als welche Art von Teilnehmer ich mich einst dabei erkennen werde; ob als geladener Gast oder Braut oder was auch immer, Hauptsache, ich bin dabei. Nur ist es nun leider so, dass wir heute, wie die Bräute ihre Hochzeiten, die Ausrichtung der himmlischen Party eben längst an uns gerissen haben und dieses Fest nach unseren Vorstellungen bereits in der Vergänglichkeit zelebrieren.

Indem wir aber versuchen, uns diese Welt schön zu reden und Gottes Reich nach unseren Vorstellungen in ihr wiederzufinden, beschäftigen wir uns längst mit einem Unterfangen ähnlich dem, zu dem der Teufel Jesus verführen wollte. Wenn wir unsere Zeit damit verbringen, den König in diese Welt hineinholen zu wollen, anstatt dass wir uns in sein Reich begeben, wenngleich zunächst nur innerlich, dann wollen wir etwas erreichen, das nicht geht. So wenig wie in der Mathematik die Wurzelfunktion dafür bestimmt ist, Funktionswerte negativer Zahlen zu bestimmen, so wenig ist die vergängliche Welt dafür geeignet, das Reich Gottes in ihr aufzurichten.[323]

Das Reich Gottes passt nicht in diese Welt. So kann es zum Beispiel heute auch nicht unsere Aufgabe sein, Anbetung wie in der Offenbarung pflegen zu müssen oder anzustreben, in einer Situation, die weit von der dort beschriebenen entfernt ist. Unsere Aufgabe ist es, der Erkenntnis des Evangeliums nachzujagen, um dem Reich Gottes näherzukommen, und, wer weiß, vielleicht dadurch automatisch ansatzweise als Nebeneffekt schon heute eine Situation zu schaffen, die möglicherweise als unvermeidbares Symptom eines Lebens im Reich Gottes auch einen Hauch offenbarungsähnlicher Anbetung mit sich bringen kann.

„Bringt nicht mehr dar so vergebliche Speisopfer! Das Räucherwerk ist mir ein Gräuel! Neumond und Sabbat, den Ruf zur Versammlung – Frevel und Festversammlung – ich mag es nicht! Meine Seele ist feind euren Neumonden und Jahresfesten; sie sind mir eine Last, ich bin's müde, sie zu tragen. Und wenn ihr auch eure Hände ausbreitet, verberge ich doch meine Augen vor euch; und wenn ihr auch viel betet, höre ich euch doch nicht; denn eure Hände sind voll Blut. Wascht euch, reinigt euch, tut eure bösen Taten aus meinen Augen. Lasst ab vom Bösen, lernt Gutes tun! Trachtet nach Recht, helft den Unter-

---

323 Vergleiche die Ausführungen zu Mk 2,21f im Kapitel *Der bessere Weg des barmherzigen Gottes*.

drückten, schafft den Waisen Recht, führt der Witwen Sache!"[324]

So sprach Gott schon vor sehr langer Zeit durch den Propheten Jesaja zu einem Volk, das auf dem Holzweg war.

Wir aber tun genauso unser Bestes, um den Plan Gottes so gut wie möglich zu ignorieren, denn diesem zu folgen hieße womöglich, wir müssten tun, was Jesus dem reichen Jüngling empfahl, dieser aber nicht konnte: „Geh hin, verkaufe alles, was du hast, und gib's den Armen, so wirst du einen Schatz im Himmel haben, und komm, folge mir nach!"[325] Der junge Mann wurde angesichts seiner vielen Güter, die er besaß, unmutig und ging traurig davon. Und wir befinden uns in keiner anderen Situation. Der Reichtum und die Möglichkeiten der Gegenwart haben uns längst vollständig in ihren Bann gezogen und sind uns um ein Vielfaches wichtiger als die Einladung zur anstehenden königlichen Hochzeit. Da deren Herrlichkeit uns nicht tiefer erreicht und nicht erreichen kann, kann auch der Funke der mit unvergleichlichem Veränderungspotenzial einhergehenden Vorfreude nicht auf uns überspringen. Der Teufel ist arbeitslos, denn wir sind seiner Versuchung, die Vergänglichkeit zum Maß aller Dinge zu machen, bereits erlegen.

Mein Verdacht, dass wir dies nicht wahrhaben wollen oder können, hat zwei mögliche Grundlagen: entweder, dass ich mit meinen Ausführungen komplett daneben liege, oder dass eben wirklich die Versuchung am gefährlichsten ist, die gar nicht wie eine Versuchung aussieht. Wir stehen mindestens in der Verantwortung dies offen und ehrlich zu hinterfragen!

---

324 Jes 1,13-17
325 Mk 10,21

Wären wir Christen mehr darauf aus, unsere Zukunft im Reich Gottes zu sehen, anstatt dieses in der Gegenwart selbst errichten zu wollen, dann würde sich meines Erachtens so viel mehr ändern, als es auf andere Weise je möglich wäre, denn wir würden mit allen Dingen einen ganz anderen Umgang pflegen. Und ich meine damit nicht nur unsere Einstellung zu Geld und Besitz.

Aufgrund negativer Aspekte, die Teil dieser Welt sind, habe ich als Kind und Jugendlicher eine Entwicklung durchlaufen, die dafür gesorgt hat, dass ich bis heute unter Minderwertigkeitsgefühlen leide, zur Depression neige und schwer mit Folgeerscheinungen zu kämpfen habe. Nun bin ich definitiv nicht glücklich darüber, depressiv veranlagt zu sein und tagtäglich Probleme damit zu haben, mich in dieser Welt zurechtzufinden. Auch verschließe ich mich den Versuchen der Heilung meiner Beschwerden nicht und würde die vollständige Genesung dankend annehmen. Aber wie es auch kommt oder eben nicht, ich will mich darüber freuen, dass mein Name im Himmel geschrieben steht und ich eines Tages dort ankommen und auf ewig in Herrlichkeit leben werde. Deshalb kann ich inzwischen meist damit leben, dass die paar Jahre auf der Erde für mich kein Leben auf dem Ponyhof darstellen und es vielleicht nie tun werden. Ich muss nicht mehr versuchen, Gott in diese Welt, in diese oder jene Kleinigkeit hineinzudichten, um mich mir seiner Liebe zu versichern, und ich muss dementsprechend auch nicht mehr meinen, es wäre sein Wille, mir gegenwärtig nach menschlichen Maßstäben erfülltes Leben zu schenken. Viel mehr versuche ich, mich durch sein Handeln stattdessen als geheilt und befreit von der Vergänglichkeit und in die Ewigkeit gerettet zu sehen.

Und nun überlege man sich mal, wie es mir und anderen Menschen mit ähnlicher oder womöglich noch deutlich düsterer Perspektive hinsichtlich des irdischen Daseins heute vielleicht gehen könnte, wenn sich die Anzahl der Menschen, die einem das Leben hier eben doch als Ponyhof oder unbedingt auszureizenden Markt der Möglichkeiten vermitteln wollen, auf diejenigen reduzieren würde, die tatsächlich nichts von Gott wissen oder wissen wollen. Gibt es für jemanden, der an Gott glaubt, aber keinen Zugriff auf das irdische Leben hat, etwas viel Schlimmeres, als Menschen, die an Gott glauben und einem vermitteln, die Liebe Gottes und sein Geschenk an uns hätten in erster Linie mit dem zu tun, was wir in dieser Welt an Vergänglichem erleben könnten?

Ein Glaubender, der seine Heimat im ewigen Reich Gottes und sich selbst auf dieser Welt damit als in der Fremde befindlich sieht, kann letztlich auf zwei Weisen zu einer angenehmeren Gegenwart finden. Entweder dadurch, dass er sich entgegen seiner Überzeugung mit der Welt anfreundet und auf diese Weise Zugang zur Gemeinschaft der darin Beheimateten findet, oder aber dadurch, dass er Gleichgesinnte findet, deren Gemeinschaft einen Hauch des göttlichen Reiches in die Fremde bringt, ohne dass er sich in der Fremde verwurzeln müsste.

Inzwischen denke ich oft, ich bräuchte eigentlich gar keine Unterstützung anderer Menschen dabei, meinen Platz in dieser Welt zu finden, viel mehr wünschte ich mir Unterstützung dabei, auf dieser Welt innerlich im Reich Gottes anzukommen. Aber das ist schwierig, solange wir Christen uns in dieser Welt so sehr heimisch fühlen, uns hier einrichten und meinen, dies sei Gottes Plan für uns.

Unser Blick muss doch viel mehr in Richtung himmlischer Heimat gerichtet werden, denn darin liegt die wahre Freiheit verborgen, auch und insbesondere für das Leben auf der vergänglichen Erde.

Wie zuvor bereits mindestens einmal erwähnt, besteht die wesentliche Problematik für mich nun gar nicht darin, dass wir nicht wenigstens einen auf dem Evangelium vom Reich Gottes basierten Glauben von der Größe eines Senfkorns hätten, der unser Leben bereits ganz unzweifelhaft zu einem vernünftigen Gottesdienst werden ließe, sondern darin, dass wir geblendet von unserem materiellen Reichtum und den daraus resultierenden Möglichkeiten auf breiter Bahn einen Glauben entwickelt haben und voller Überzeugung pflegen, der so sehr auf die paar Jahre in der vergänglichen Welt fixiert ist, dass er schon gar keine Chance hat, überhaupt jemals auch nur annähernd auf Senfkorngröße anwachsen zu können. Wir pflegen einen Glauben, der weit weg davon ist, in die Nähe des Dilemmas zu kommen, sich als Inhaber des himmlischen Bürgerrechts in dieser Welt tatsächlich als Fremder zu fühlen. Unsere Entscheidung ist längst gefallen und wird nicht mehr in Frage gestellt.

Wir begegnen keiner Anfechtung durch den Teufel mehr, weil es keiner Anfechtung mehr bedarf. Unsere Glaubensthemen haben viel zu selten mit einer ewigkeitsorientierten Ausrichtung zu tun, sondern meist mit Fragen hinsichtlich gegenwärtiger Wohlfühlfaktoren. Das zeigt zum Beispiel auch die Art der Auseinandersetzung mit sexuellen Orientierungen. Muss ich nicht Homosexualität – platt formuliert – als von Gott gewollt akzeptieren, weil es schließlich nicht sein kann, dass ein liebender Gott etwas in den Menschen gelegt hat, das diesem auf dieser Welt zu schaffen macht?

Ich wage es ja fast nicht zu sagen, aber ich komme in meinem meiner Meinung nach nicht ganz unbegründeten Verständnis vom Evangelium zu dem Schluss, dass es aufgrund einer Welt, die seit langem bitterbös im Argen liegt, sehr wohl viele Dinge im Menschen gibt, die nicht von Gott gewollt sind und deren Rechtfertigung oder Heilung in der Vergänglichkeit auch zu keinem Zeitpunkt anstehen, weil Gottes Plan, der nicht menschlichem Denken folgt, schlicht und ergreifend weit darüber hinausgeht.

Gottes Plan sieht durchaus vor, dass wir Menschen uns auch heute schon wohlfühlen können, nur hat der dazu geschaffene Wohlfühlfaktor nichts damit zu, dass Gott gegenwärtig eingreifen, Dinge zurechtbiegen und uns den Himmel auf Erden bereiten würde, sondern damit, dass er uns den Himmel im Himmel bereits bereitet hat, und uns die Freude darüber die uns unangenehmen Aspekte irdischen Daseins guten Mutes ertragen lassen könnte, wenn wir uns nur darauf ausrichten würden.

Das entscheidende Problem im Umgang unter Christen mit so heiklen Themen wie zum Beispiel der Homosexualität liegt meinem Verständnis nach nun nicht darin, dass entweder die Befürworter oder die Gegner womöglich zu verblendet wären, um richtig und falsch unterscheiden zu können, sondern darin, dass die Auseinandersetzung mit dem Thema schlicht und ergreifend auf einem völlig unzureichenden Fundament geschieht. Solange die Grundlage aller Überlegungen nicht das Evangelium bildet, das Jesus predigte, das Paulus lehrte und das ich in diesem Buch nach meinem Verständnis darzulegen versuche, tragen wir lediglich Kämpfe aus, die unserer eigenen menschlichen Vorstellung von Zeitpunkt und Gestaltung einer Art göttlichen Reiches in der gegenwärtigen und vergänglichen Welt Rechnung tragen. Und der Teufel twittert dazu: rofl[326].

Das Geschenk Gottes an uns hat nichts damit zu tun, dass wir in dieser Welt frei wären, um irdischen Schätzen nachzujagen, sondern damit, dass wir als Erben des ewigen Reiches frei von dieser Welt sein dürfen und bereits gegenwärtig himmlischen Schätzen nachjagen können. Der Fehler, den wir machen, liegt darin, dass wir viel mehr die Gnade Gottes missbrauchen, um uns reinen Gewissens nach unseren Vorstellungen in dieser Welt selbst zu verwirklichen, als dass wir im Blick auf das mit der Gnade einhergehende Geschenk der zukünftigen Heimat schon heute ewigkeitsorientiert leben und handeln.

Wenn jemand weiß, dass er in einem Jahr in sein eigenes Haus ziehen wird, dann wird er sich für seine vorübergehende Mietwohnung ein Sofa kaufen im Blick auf das zukünftige Haus, nicht auf die gegenwärtige Wohnung. Wenn jemand weiß, dass er morgen einen Ferrari geschenkt bekommt, dann kommt er heute gut ohne einen klar. Wenn jemand morgen eine weite Autofahrt vor sich hat, dann tankt er sein Auto heute noch voll. Aber wenn in der Zukunft der Himmel auf uns wartet, dann ist uns das heute egal. Die Hochzeit steht an, die Party ist geplant, aber freuen wir uns darauf? Warten wir darauf? Leben wir darauf hin? Leben wir jeden Tag aus dieser Freude heraus und zählen die Tage herunter, wie wir es als Kinder an Weihnachten im Blick auf die Geschenke zum Beispiel taten? Warten wir

---

326 Abkürzung für: rolling on the floor laughing. Auf deutsch in etwa: sich vor Lachen auf dem Boden wälzen.

auf den Bräutigam und stehen mit unseren Lampen bereit, ihn abzuholen, für jede Eventualität gewappnet, mit genügend Öl auf Vorrat?[327]

Wenn ich weiß, dass ich morgen den vielleicht schönsten Tag meines Lebens haben werde, sorge ich mich dann um heute? Wenn ich weiß, dass morgen ewiges Leben im himmlischen Reich Gottes auf mich wartet, muss ich dann heute die Welt oder auch nur irgendetwas in ihr besitzen?

Gott will, dass wir bei ihm zuhause sind, nicht in dieser Welt, und dass wir gegenwärtig dank dieser Verwurzelung gelassen und getrost und frei auf ihn zuleben können. Aber die Realität sieht anders aus. So klug wir scheinbar in der Welt unsere Anliegen regeln, so dumm planen wir offensichtlich angesichts unserer kurzen Zeit auf der Erde und der Ewigkeit im Himmel!

Jesus sagte zu seinen Jüngern:

„Macht euch Freunde mit dem ungerechten Mammon, damit, wenn er zu Ende geht, sie euch aufnehmen in die ewigen Hütten."[328]

Anders als Jesus, der das Angebot des Teufels, ein irdisches Reich zu errichten, ablehnte, weil er seinem Vater mit dessen nicht-irdischem Plan vertraute, sind wir aktuell so dermaßen auf dem Holzweg, dass wir vor lauter Wald die Bäume schon nicht mehr sehen. Nicht, weil wir nicht anders wollten, sondern weil wir durch den Verlust der vom Evangelium vom Reich Gottes geprägten Ausrichtung gar nicht anders können.

---

327 Siehe Mt 25,1-13
328 Lk 16,9

Wir suchen heute Gottes Geschenke in dieser Welt, aber begreifen nicht, dass das größte Geschenk für die Gegenwart das Geschenk der Perspektive unserer künftigen Heimat ist.

Der Teufel konnte nicht verhindern, dass Jesus den von Gott vorgesehenen Weg ging, aber er hat es längst geschafft, uns auf einem Weg gefangen zu nehmen, der gewährleistet, dass wir das Reich Gottes nicht früher finden, als es unvermeidbar ist, und andere, die noch gar nichts davon wissen, es womöglich gar nicht finden. Wenn ein Mensch Gott kennenlernt, wie er ist, kann er eigentlich gar nicht anders können, als an ihn zu glauben. Das Problem ist, dass viele Menschen durch andere Menschen Gott auf eine Weise kennenlernen, die schlicht nicht ansatzweise dem entspricht, wie Gott wirklich ist. Das ist dem Teufel kein Problem.

Wenn wir zum Thema teuflischer Anfechtungen heute nichts mehr zu sagen haben, dann deshalb, so meine Theorie, weil unser Glaube und Handeln bereits so intensiv von menschlichem Denken geprägt ist, dass ein Gegenspieler Gottes gar keine Veranlassung zur Anfechtung mehr sieht. Wenn wir in unserem Dienst, den wir aus diesem Glauben heraus tun, anders als zum Beispiel Paulus, keine listigen Anschläge des Teufels mehr aufzudecken haben, dann deshalb, weil unsere Botschaft nicht mehr viel mit dem Evangelium vom Reich Gottes zu tun hat. Denn wenn von der Herrlichkeit der himmlischen Zukunft keine Rede ist, besteht auch keine Gefahr, dass irgendjemand der damit einhergehenden Anziehungskraft erliegt. Die Fokussierung auf ein gutes weltliches Leben, die uns stattdessen prägt, ist dem Teufel somit eine wahre Freude.

Auch aus diesen ganzen Überlegungen um unser mangelndes Verständnis für das Thema der Versuchung und Anfechtung durch einen möglichen Gegenspieler Gottes ergibt sich für mich ein deutlicher Hinweis darauf, dass das Fundament, auf dem unser Glaube heute basiert, nicht das ist, das Gott dafür vorsieht. Aber selbst wenn ich mit diesen Überlegungen hinsichtlich Teufel und Anfechtung komplett daneben liegen sollte, ändert sich nichts am eigentlichen Problem, dass wir Wohlstands-Christen das Evangelium vom Reich Gottes und die damit einhergehende Kraft der Veränderung und Freiheit offensichtlich überwiegend aus den Augen verloren haben. Die Thematik um unsere Wahrnehmung von Versuchung und Anfechtung ist für mein Anliegen, unseren Blick in Richtung des in der Bibel zum Ausdruck kommenden göttlichen Heilsplans zu richten, deshalb zwar hilfreich, aber auch nicht zwingend notwendig.

Bewusstsein und Perspektive –
Neuer Umgang mit altem Geschenk

Das Geschenk muss faszinieren dürfen

„Denn wie der Leib ohne Geist tot ist, so ist auch der Glaube ohne Werke tot."[329]

Dies sind Worte aus dem Jakobusbrief, einem Brief, der zwar hinsichtlich des Verfassers und der Entstehungszeit strittig ist, der aber ganz unstrittig längst tief in einer Schublade steckt, die womöglich doch die falsche ist. Geht man davon aus, dass dieser Jakobus, für den auch die Person eines Halbbruders Jesu in Frage kommt, im zweiten Kapitel seines Briefes neben dem Glauben auch noch Werke vom Menschen fordert, um vor Gott Gerechtigkeit erlangen zu können, dann ergibt sich natürlich ein großes Problem. Es ergibt sich dann genau das Problem, welches den Brief in die Schublade befördert, die alle scheinbar überflüssigen und unnötigen Dinge beinhaltet.

Meinem Verständnis nach liegt aber im Blick auf Jakobus ein großer Fehler darin, misszuverstehen, was dieser eigentlich unterscheiden will. Ich denke nicht, dass Jakobus vom Glauben einerseits und Werken andererseits spricht, sondern eben zum einen vom Glauben, der aus sich selbst heraus gar nicht anders kann, als in Werken sichtbar zu werden, und zum anderen von einem Glauben, mit dem diese Werke nicht im möglichen Maße einhergehen, weil das Fundament das falsche ist. Bei Abraham, so schrieb Jakobus, „siehst du, dass der Glaube zu-

---

329 Jak 2,26

sammengewirkt hat mit seinen Werken, und durch die Werke ist der Glaube vollkommen geworden"[330]. Jakobus spricht also nicht von einem Glauben, neben dem es auch noch Werke braucht, sondern von einem Glauben, dessen Vollkommenheit sich durch Werke zeigt. Und logischerweise ist deshalb „der Glaube, wenn er nicht Werke hat, tot in sich selber"[331].

Mit dieser Schlussfolgerung gab Jakobus wahrlich nichts zum Besten, was nicht auch zum Beispiel Paulus auf seine Weise sagte:

„Denn in Christus Jesus gilt weder Beschneidung noch Unbeschnittensein etwas, sondern der Glaube, der durch die Liebe tätig ist."[332] „Die Frucht aber des Geistes ist Liebe, Freude, Friede, Geduld, Freundlichkeit, Güte, Treue, Sanftmut, Keuschheit"[333].

Leben im Glauben ist für Paulus Leben im Geist. Und Leben, das auf diese Weise gelebt wird, ist an den Früchten zu erkennen. Nichts anderes behauptet Jesus selbst:

„Nehmt an, ein Baum ist gut, so wird auch seine Frucht gut sein; oder nehmt an, ein Baum ist faul, so wird auch seine Frucht faul sein. Denn an der Frucht erkennt man den Baum."[334] „Ein guter Baum kann nicht schlechte Früchte bringen"[335].

---

330 Jak 2,22
331 Jak 2,17
332 Gal 5,6
333 Gal 5,22f
334 Mt 12,33
335 Mt 7,18

Und auch Johannes schlägt in eine ähnliche Kerbe, wenn er in seinem Brief schreibt:

„Wenn aber jemand dieser Welt Güter hat und sieht seinen Bruder darben und verschließt sein Herz vor ihm, wie bleibt dann die Liebe Gottes in ihm? Meine Kinder, lasst uns nicht lieben mit Worten noch mit der Zunge, sondern mit der Tat und mit der Wahrheit."[336]

Jakobus wollte mit seinem Brief womöglich nichts anderes, als seine Leser aufzuwecken, indem er ihnen die Widersprüchlichkeit zwischen Wahrheit und Wirklichkeit vor Augen malte. Er „möchte ihnen auf den richtigen Weg helfen. Jak deckt auf, dass bei ihnen etwas Entscheidendes fehlt und ihnen der Glaube, so wie sie ihn verstehen, überhaupt nichts nützt"[337].

Ich bleibe dabei, großen Abstand davon zu nehmen, jede Art von Glauben hinsichtlich des rettenden Charakters am Tage der Wiederkunft Jesu bewerten zu wollen, aber ich bin davon überzeugt, dass der Nutzen des Glaubens, wie er von Jakobus bemängelt wird, tatsächlich unvorstellbar weit hinter seinen eigentlichen Möglichkeiten für die Gegenwart bleibt und damit gegenwärtig tatsächlich unsinnig ist. Jedoch nicht, und das ist ein ganz entscheidender Punkt, weil im Glauben das Bewusstsein der Notwendigkeit guter Werke zur Vervollkommnung des Glaubens nicht ausgeprägt genug wäre, sondern weil der Grund des Glaubens nicht derjenige ist, der aus dem Glauben gute Werke von ganz alleine hervorbringt, ohne jemals über deren Notwendigkeit überhaupt nachdenken zu müssen. Auch

336 1Joh 3,17f
337 Wuppertaler Studienbibel, Peters, Jakobus, 125

Jakobus forderte demnach eben nicht dazu auf, neben dem Glauben auch gute Werke zu tun, sondern dazu, sich auf das Wesentliche zu besinnen:

Gott „hat uns geboren nach seinem Willen durch das Wort der Wahrheit, damit wir die Erstlinge seiner Geschöpfe seien."[338] „Seid aber Täter des Worts und nicht Hörer allein; sonst betrügt ihr euch selbst. Denn wenn jemand ein Hörer des Worts ist und nicht ein Täter, der gleicht einem Menschen, der sein leibliches Angesicht im Spiegel beschaut; denn nachdem er sich beschaut hat, geht er davon und vergisst von Stund an, wie er aussah. Wer aber sich vertieft in das vollkommene Gesetz der Freiheit und dabei beharrt und ist nicht ein vergesslicher Hörer, sondern ein Täter, der wird selig sein in seinem Tun."[339]

Jakobus forderte dazu auf, sich des Wortes der Wahrheit, also des Evangeliums, zu besinnen und beim Blick in diesen Spiegel nicht an der Oberfläche haltzumachen und wieder zu vergessen, sondern in das vollkommene Gesetz der Freiheit durchzuschauen, dabei auch zu bleiben, sich davon verändern zu lassen und daraus Täter zu sein.[340]

Ich würde sagen, es geht ihm also genau darum, klarzumachen, dass es nichts Besseres, nichts Nützlicheres, nichts Rettenderes und nichts Glücklichmachenderes gibt, als die eigene Heimat aus dieser Welt ins Reich Gottes zu verlagern und aus der daraus resultierenden Freiheit von dieser Welt in dieser

---

338 Jak 1,18
339 Jak 1,22-25
340 Vergleiche Wuppertaler Studienbibel, Peters, Jakobus, 100f

Welt zu leben und ganz unvermeidbar auch zu handeln. Wie es Jesus sagte:

> „Und jene sind es, die auf das gute Land gesät sind: Die hören das Wort und nehmen's an und bringen Frucht, einige dreißigfach und einige sechzigfach und einige hundertfach."[341]

Stimmt der Boden, kommt die Frucht von alleine.

Die Seligkeit, die nach Jakobus dann aus der Tat unmittelbar resultiert, hat im Übrigen nichts mit Rettung zu tun. Das Wort, das Luther hier mit *selig* übersetzt hat, meint tatsächlich nichts anderes als *glücklich* oder *glückselig.* „Glücklich zu preisen im Tun – das bedeutet nicht, durch das Tun gerettet werden, sondern in seinem Tun in Übereinstimmung leben mit dem Wort."[342] Die Rettung erfolgt alleine durch den Glauben.

Auch Jakobus richtet gegen Ende des Briefes den Blick auf das Ziel des Glaubens und damit auf genau das, was das gesamte Dasein des Glaubenden prägen sollte:

> „So seid nun geduldig, Brüder und Schwestern, bis zum Kommen des Herrn. [...] und stärkt eure Herzen; denn das Kommen des Herrn ist nahe."[343]

Glaube ohne Werke kann nun folglich unmöglich lebendiger Glaube sein. Glaube lässt sich auch nicht lebendig machen, indem man fleißig wird und sich anstrengt, gute Werke zu tun. Womöglich braucht es tatsächlich gar keinen anderen besseren

---

341 Mk 4,20
342 Wuppertaler Studienbibel, Peters, Jakobus, 103
343 Jak 5,7f

Glauben, um am Ende gerettet zu werden, das weiß Gott alleine, aber die einzige Möglichkeit, im Glauben bereits heute in der gegenwärtigen vergänglichen Welt wahrhaft lebendig zu werden, besteht darin, den Blick auf das Evangelium vom Reich Gottes, in welchem die Liebe Gottes zum Menschen uneingeschränkt zum Ausdruck kommt, zu lenken, sich aufgrund dieser Botschaft an Gott festzumachen und sich durch diese Kraft Gottes positiv verändern zu lassen. Jeder andere Weg ist letztlich nicht weniger als Betrug an uns selbst, initiiert, begünstigt und gefördert durch den Chef der Holzwegmeisterei.

Es ist an der Zeit, zu jeder Zeit, jeden Holzweg endlich und immer wieder zu verlassen. Nicht, weil wir nicht auch auf einem Holzweg am Ende von einem höchst gnädigen Gott abgeholt werden könnten, sondern weil wir es uns und allen Menschen um uns herum sonst bis dahin unnötig schwer machen. Ganz abgesehen davon, dass wir Gott die größte Freude damit machen würden, wenn wir uns eben endlich mit seinem Geschenk beschäftigen würden, anstatt dieses weiterhin unausgepackt unterm Osterbaum liegen zu lassen.

Es ist Zeit, dass wir uns endlich anders verhalten als das Volk Israel in der Wüste und nicht mehr nur auf das schauen, was wir hatten, haben oder wieder haben könnten, sondern stattdessen die Verheißung Gottes über diese Welt hinaus in den Blick nehmen. Es ist auch Zeit, dass wir aufhören, lediglich im Bewusstsein des Preises, den Gott für sein Geschenk an uns bezahlt hat, zu versuchen, mit unserem Leben diesem Preis irgendwie gerecht werden zu wollen, sondern stattdessen beginnen, in der tatsächlichen Auseinandersetzung mit dem Geschenk, endlich unweigerlich aufzublühen und auf diese Weise ganz automatisch in Übereinstimmung mit dem Wort der Wahrheit zu leben.

Und das hat nichts damit zu tun, den hohen Preis dieses Geschenks nicht zu achten, denn die größte Achtung dieses Preises liegt doch ganz unzweifelhaft darin, wenn das Geschenk beim Beschenkten seine volle Wirkung entfalten darf. Lassen wir uns vom Ausblick auf die künftige Herrlichkeit im Reich Gottes mit unfassbarer Freude erfüllen, dann werden wir nicht nur nach dem Willen Gottes das Leben in Fülle erfahren, wir werden auch nach seinem Willen leben. Aber nicht weil wir das müssten, sondern weil wir dann gar nicht mehr anders können und wollen. Nicht aus einer Verpflichtung angesichts des Preises heraus, sondern aus Freude, Dankbarkeit, Liebe und Freiheit, resultierend aus der unfassbaren Herrlichkeit des Geschenks.

So wenig Gott meines Erachtens will, dass wir sein Reich in der Vergänglichkeit suchen und erzwingen wollen, so wenig will er, dass wir aus demütiger Dankbarkeit angesichts des Preises versuchen, ein Leben nach seinem Willen zu leben. Er will, dass wir aus der Freude über die Herrlichkeit seines Geschenks heraus ein Leben in diesem Geschenk leben. Wir sollen Jesus nicht nachfolgen, weil Gott für uns tief in die Tasche gegriffen hat. Nein, wir sollen das Geschenk seiner Liebe annehmen und uns von dessen Größe, von der Herrlichkeit überwältigen lassen, so dass wir vor Freude gar nicht mehr anders wollen, als ihm nachzulaufen. Wenn wir Jesus ernsthaft nachfolgen wollen, dann dürfen wir weder versuchen, die Hochzeitsfeier in die Gegenwart zu verlegen oder durch Werke zu glänzen, was nicht einmal Jakobus forderte, noch sollen wir auf den Preis schauen, den Gott zu zahlen bereit war, stattdessen brauchen wir die volle Fokussierung auf das Geschenk, das uns gemacht wurde.

Wir reden heute so unglaublich oft von der Liebe Gottes, haben aber meines Erachtens längst aus dem Blick verloren, worin diese Liebe eigentlich zum Ausdruck kommt, und uns eigene Definitionen zurechtgelegt. Wir reden vom Evangelium, von der frohen Botschaft, aber haben vergessen, was diese frohe Botschaft eigentlich ist. Der Tod Jesu am Kreuz ist nicht das Evangelium. Wunder Gottes in der gegenwärtigen Welt sind nicht das Evangelium. Das Evangelium ist, dass wir durch Jesu Tod und Auferstehung das ewige Leben haben. Bleiben wir bei Jesu Tod zur Vergebung unserer Schuld als Zeichen seiner Liebe zum Menschen stehen, dann mag das ausreichen, um unser Gewissen angesichts unserer Schuld in dieser Welt zum Verstummen zu bringen, so dass es uns auch gelingen kann, in dieser Welt einen zufriedenstellenden Weg zur Erfüllung menschlicher Vorstellungen von Leben zu finden, aber mit der Art Leben, die Gott für uns vorsieht, hat das leider noch nicht viel zu tun.

Ich kann es, wie schon mal beschrieben, nicht fassen, dass wir tatsächlich glauben, die Liebe Gottes würde sich darin äußern, dass Gott uns im Leben Dinge widerfahren lässt, die wir als gut bewerten. Solch ein Glaube ist für mich nicht mehr als ein unsinniger Luxus-Glaube. Ein Glaube, der vom Wohlstand der westlichen Welt geprägt ist. Was würden denn dann die Glaubenden falsch machen, denen in großen Teilen dieser Welt durch Krieg, Terror, Diktatur und Ausbeutung das Leben genommen wird? Und wie können wir bloß davon reden, von Gott mit vergänglichen Dingen beschenkt zu sein, dann aber unsere Mittel nicht auch nach unseren Möglichkeiten zum Ausgleich zu nutzen?

Es ist sicher nicht so, dass wir es mit einem irdisch ausgeprägten Glauben nicht gut meinen würden, und vermutlich auch nicht so, dass uns dieser letztlich nicht retten würde, aber hinsichtlich der Möglichkeiten, die sich mit einem anderen Fundament bieten würden, ist dieser Zustand eine Katastrophe.

Es gibt für mich angesichts dieser Welt und meines Verständnisses von Gottes Wort keinen Grund, zu glauben, Gottes Plan könnte es sein, mein Leben in dieser Welt nach menschlichen Vorstellungen in Ordnung zu bringen. Und aus denselben Überlegungen ist es kein guter Grund, an Gott zu glauben, weil ich meine, er würde dies tun.

Der einzige sinnvolle Grund, an Gott zu glauben, steckt für mich in der Botschaft von der Überwindung dieser Welt und der Verheißung einer neuen Erde, denn dadurch kommt mein Leben im göttlichen Sinne in eine qualitativ ungleich höhere Ordnung, für immer und erstaunlicherweise schon heute. Was es mich kostet, ist, diese Welt hinter mir zu lassen, und damit kostet es mich letztlich nichts. Was es braucht, ist *glauben* im Sinne von *aktiv daran klammern*. Wer das Reich Gottes nicht annimmt, wie man ein Kind annehmen, behüten, pflegen, versorgen, begleiten und sich dabei entfalten lassen sollte, der wird gegenwärtig nicht hineinkommen. Es geht darum, dieses Geschenk zu herzen, es fürsorglich in die Arme zu schließen und nicht mehr loslassen zu wollen. Es geht darum, sich mit dem Reich Gottes zu beschäftigen, seine Möglichkeiten zu entdecken und sich an der herrlichen Perspektive zu erfreuen. Es geht darum, die Einladung zu diesem Fest nicht nur zu registrieren, sondern sich die unermessliche Bedeutung dieses Festes vor Augen zu führen und sich voll und ganz davon ergreifen zu lassen.

Jesus sprach:

> „Denn das ist der Wille meines Vaters, dass, wer den Sohn sieht und glaubt an ihn, das ewige Leben habe; und ich werde ihn auferwecken am Jüngsten Tage."[344]

Paulus ermahnte:

> „Und stellt euch nicht dieser Welt gleich, sondern ändert euch durch Erneuerung eures Sinnes, auf dass ihr prüfen könnt, was Gottes Wille ist, nämlich das Gute und Wohlgefällige und Vollkommene."[345]

Interessanterweise heißt es in der Übersetzung der Wuppertaler Studienbibel: „[…] damit ihr prüft, was der Wille Gottes ist, der gute und wohlgefällige und vollkommene"[346]. So wird aus einer Erklärung, was der Wille Gottes sei, plötzlich eine Beschreibung, wie er sei. Und so wird aus der Fähigkeit, prüfen zu können, was der Wille Gottes ist, die aus der Erneuerung der Sinne folgt, plötzlich eine Eigenschaft, die einen ausmacht. Der gute, wohlgefällige und vollkommene Wille Gottes ist, dass wir das ewige Leben haben. Lebendiger Glaube bedarf der Erneuerung der Sinne und deshalb unbedingt der Fokussierung und Ausrichtung auf das Evangelium vom Reich Gottes, nicht mehr und nicht weniger. Den Willen Gottes tun,

---

344 Joh 6,40
345 Röm 12,2
346 Wuppertaler Studienbibel, Pohl, Römer, 245

heißt, der Welt zu sterben, ins Reich Gottes umzuziehen und als Bürger des Himmelreichs in dieser Welt frei zu leben.

Es ist an der Zeit, dass wir den Holzweg verlassen, indem wir uns endlich bewusst machen, wie sehr wir längst in unserem menschlichen Denken gefangen sind, und beginnen, uns dieser Denkart zu widersetzen.

„Seid nüchtern und wacht; denn euer Widersacher, der Teufel, geht umher wie ein brüllender Löwe und sucht, wen er verschlinge. Dem widersteht, fest im Glauben, und wisst, dass ebendieselben Leiden über eure Brüder und Schwestern in der Welt kommen."[347]

Es ist fahrlässig und womöglich eines Teufels größtes Werk, wenn wir Mahnungen wie diese des Petrus entwerten und ignorieren. Es ist eine Katastrophe, dass wir die Möglichkeit eines Gegenspielers Gottes, der uns die Dinge dieser Welt wichtiger macht, als sie es angesichts der Ewigkeit sind, nicht ernsthaft in Betracht ziehen und stattdessen in dieser Welt langsam aber sicher vollends jedes Maß verlieren.

„So werden die Letzten die Ersten und die Ersten die Letzten sein."[348]

Mit dieser Aussage endet das Gleichnis Jesu, in welchem er das Himmelreich mit einem Hausherrn verglich, der Arbeiter auf seinem Weinberg beschäftigt. Auch dieser Satz war mir ein Rätsel, ehe ich vor vielen Jahren eine für mich schlüssige Erklärung fand. Für mich bringt er nichts anderes zum Ausdruck als

---

347 1Petr 5,8f
348 Mt 20,16

einen Automatismus, der greift, so lange wir uns im menschlichen Denken der vergänglichen Welt verlieren. Der gleiche Lohn aller Arbeiter wird angesichts der unterschiedlichen erbrachten Leistungen zum Problem derer, die früh schon zu arbeiten begannen. Die frühe Freude aus der Gewissheit, am Ende des Tages einen vereinbarten Lohn zu erhalten, die den Kurzarbeitern verwehrt blieb, geht ihnen dabei verloren. Auf diese Weise, in der Gefangenschaft irdischer Maßstäbe, mit dem Blick auf erbrachte Leistungen, stempeln sich die ersten Arbeiter am Ende im Sieg selbst zu Verlierern, während diejenigen, die sich lange als Verlierer wähnten, als Sieger gefühlt plötzlich alleine dastehen. Aus Letzten werden Erste und aus Ersten werden Letzte. Kein Urteil Gottes, sondern ein einfacher Automatismus, der mit der richtigen Perspektive durchbrochen werden kann.

Warum messen wir Christen uns als Erben des Himmelreichs noch an irdischen Maßstäben? Es ist höchste Zeit, dass wir uns unsere Identität, unsere Zukunft und den damit verbundenen Reichtum, den uns niemand nehmen kann, bewusst machen und uns entsprechend ausrichten. Nicht weil wir müssen, sondern weil es nichts Besseres gibt. Gottes Liebe hat mit der Ungerechtigkeit dieser Welt nichts zu schaffen, sie will uns nach Hause holen.

> „Denn also hat Gott die Welt geliebt, dass er seinen einge-
> borenen Sohn gab, auf dass alle, die an ihn glauben, nicht
> verloren werden, sondern das ewige Leben haben."[349]

Jesus Christus, Retter von Sünden, erwartet uns als ewiger
König in seinem ewigen Reich. Aufgrund der Freudenbotschaft
von diesem Reich an Gott zu glauben, ist der Schlüssel zur
Freiheit. Freiheit, die bereits in der vergänglichen Welt erfahr-
bar ist und zwar genau in dem Moment, in dem der Umzug,
zunächst innerlich, vollzogen wird; heraus aus dieser Welt,
hinein ins Reich Gottes.

> „Wenn ihr bleiben werdet an meinem Wort, so seid ihr
> wahrhaftig meine Jünger und werdet die Wahrheit erken-
> nen, und die Wahrheit wird euch frei machen."[350]

Jede andere Ausrichtung im Glauben, jedes andere Funda-
ment, ist letztlich nur Betrug an uns selbst. Und keine andere
Ausrichtung, kein anderes Fundament, birgt dermaßen viel
Freiheit und Kraft.

> „Der Herr aber sprach: Wenn ihr Glauben hättet wie ein
> Senfkorn, würdet ihr zu diesem Maulbeerbaum sagen:
> Reiß dich aus und verpflanze dich ins Meer!, und er
> würde euch gehorsam sein."[351]

---

349 Joh 3,16
350 Joh 8,31f
351 Lk 17,6

„Doch darüber freut euch nicht, [...]. Freut euch aber, dass eure Namen im Himmel geschrieben sind."[352]

Das himmlische Bürgerrecht ist dem Glaubenden sicher. Die verheißene Herrlichkeit der neuen Welt, die Gott machen wird, wird alles Gegenwärtige, Freud wie Leid, in den Schatten stellen. Diese Perspektive ist das Geschenk Gottes an die Menschheit und wenn wir diesem Geschenk nicht unsere volle Aufmerksamkeit widmen und der Erkenntnis desselben nicht unermüdlich nachjagen, um im Sinne Gottes lebendig aufblühen zu können, dann sind wir auf dem Holzweg.

Worte des Paulus:

„Ich vergesse, was dahinten ist, und strecke mich aus nach dem, was da vorne ist, und jage nach dem vorgesteckten Ziel, dem Siegespreis der himmlischen Berufung Gottes in Christus Jesus. [...] Wir aber sind Bürger im Himmel; woher wir auch erwarten den Heiland, den Herrn Jesus Christus, der unsern geringen Leib verwandeln wird, dass er gleich werde seinem verherrlichten Leibe nach der Kraft, mit der er sich alle Dinge untertan machen kann."[353]

Die Freude darüber, dass unsere Namen im Himmel geschrieben stehen, kann uns nur entflammen, wenn wir diese Zukunft verinnerlichen. Und deshalb brauchen wir die Fokussierung auf das Evangelium vom Reich Gottes mehr als alles andere. Nicht, weil wir das als Glaubende müssten, sondern weil es sich dabei eben um das eigentliche Geschenk handelt, das Gott uns macht.

---

352 Lk 10,20
353 Phil 3,13f.20f

Und wie ich es versucht habe, auch zu erklären, macht diese Ewigkeitsorientierung unser gegenwärtiges Handeln nicht im Geringsten irrelevant, sie verändert es aber. Ich sehe mich mit dem Schreiben dieses Buches ja auch in der Verantwortung, etwas zu tun, anstatt mich genüsslich zurückzulehnen und auf das Ende zu warten. Und ich tue es nicht, weil ich mir damit etwa meine Gerechtigkeit vor Gott verdienen müsste, sondern weil ich einfach nicht verstehe, wie wir Christen angesichts unserer himmlischen Heimat und des damit verbundenen Reichtums diese Welt zu einem Ort des unfairen Wettbewerbs mit egoistischen Zielen machen können, wodurch wir uns und nicht zuletzt unseren Mitmenschen weltweit das Leben hier doch tatsächlich nur schwer machen, anstatt dass wir das Geschenk in den Blick nehmen und bereits heute gemeinsam und guten Mutes im Sinne Gottes leben.

Die bewusste Verlagerung unserer Heimat aus der irdischen Vergänglichkeit hinein ins ewige Reich Gottes birgt gegenwärtig eine Freiheit, die tatsächlich vermag, in der Fremde einen Hauch des Himmels spürbar zu machen. Die aus der göttlichen Wahrheit resultierende Freiheit von dieser Welt trägt ihre Früchte auch in der willigen Fähigkeit, die Möglichkeiten der Welt zu gebrauchen, ohne sie zu brauchen, und sie damit im Sinne Gottes auch wahrzunehmen und zu nutzen. Weiß ich um meine himmlische Zukunft, dann relativiert sich in der irdischen Gegenwart alles, ausnahmslos. Und weiß ich um die Liebe Gottes, der will, dass allen Menschen geholfen wird, indem diese frohe Botschaft um die Welt geht, dann wird es unmöglich, dass meine Freiheit von dieser Welt dazu führt, mich in dieser Welt einfach nur gehen zu lassen. Stattdessen bin ich frei, Verantwortung für diese Welt zu übernehmen und mit den mir anvertrauten Möglichkeiten ein dienstbarer Knecht meines Königs zu sein.

Es geht nicht darum, dass Glaube, der diese Ausrichtung pflegt, ausschließlich zum Beispiel klassischen missionarischen Dienst nach sich ziehen müsste. Das missionarische Element verbirgt sich vielmehr darin, den guten Duft des Reiches Gottes durch uns, die wir inwendig in diesem Reich in der Gegenwart des Königs leben, in der Welt zu verbreiten.

> „Gott aber sei gedankt, der uns allezeit im Triumph mitführt in Christus und offenbart den Geruch seiner Erkenntnis durch uns an allen Orten!"[354]

Wenn Paulus dies den Korinthern schreibt, dann schreibt er „nicht sich selbst eine besondere persönliche Qualität zu. Er faßt sich in einem ‚Wir‘ ganz mit seinen Mitarbeitern zusammen und zeigt schon damit, daß es nicht um eigene Fähigkeiten oder Leistungen bei ihm geht. Jesus ist in seinen Boten gegenwärtig. Jesus aber ist selber ein ‚Wohlgeruch für Gott‘"[355].

Dieser Welt innerlich mit Christus zu sterben und ins Königreich Gottes einzuziehen, hat weder damit zu tun, der Welt gegenüber gleichgültig werden zu können, noch damit, die Welt durch Werke verändern zu müssen. Die Freiheit von dieser Welt, die mit der Verlagerung der Heimat ins Reich Gottes einhergeht, fordert keine bestimmten Werke in der Gegenwart, sie ermöglicht stattdessen, als Kind Gottes mit neuer Identität in dieser Welt zu leben. Was sich durch den Umzug ins Reich Gottes unmittelbar verändert, ist nicht, was ich tue, sondern

---

354 2Kor 2,14
355 Wuppertaler Studienbibel, de Boor, zweiter Korinther, 62

wer ich bin. Die neue Identität erst bewirkt Veränderung des Tuns. Aber nicht, ich wiederhole mich, aus einem Zwang heraus, sondern weil es gar nicht anders geht und äußerst dumm wäre, als ein Kind des Lichts nicht auch als solches zu leben. Und es entsteht dabei kein Verlust, vielmehr befindet sich die eigene Schatzkammer nun auch an dem Ort, der so unsagbar mehr Gewicht hat als die Vergänglichkeit.

> „Ihr Sklaven, seid gehorsam in allen Dingen euren irdischen Herren; dient nicht allein vor ihren Augen, um den Menschen zu gefallen, sondern in Einfalt des Herzens und in der Furcht des Herrn."[356]

Ich gehe davon aus, dass es Paulus bei dieser Ansprache an die Sklaven in Kolossä um genau eine Sache ging: um die Klärung der Identität. Paulus hieß nicht die Sklaverei gut, aber er konnte sie auch nicht abschaffen. Er konnte jedoch jedem Menschen in genau der Situation, in der er steckte, nahelegen, sich seiner Identität als Kind Gottes bewusst zu werden, um dann in diesen Umständen als solches auch zu leben. Der Sklave soll guter Sklave sein, aber nicht weil er als solcher in der entsprechenden Pflicht stünde, sondern weil er es als Kind Gottes kann.

> „Alles, was ihr tut, das tut von Herzen als dem Herrn und nicht den Menschen, denn ihr wisst, dass ihr von dem Herrn als Lohn das Erbe empfangen werdet. Dient dem Herrn Christus!"[357]

---

356 Kol 3,22
357 Kol 3,23f

Und nicht weniger als ein ebenso gutes Verhalten legte Paulus auch den Herren der Sklaven nahe, denn: „[…] bedenkt, dass auch ihr einen Herrn im Himmel habt"[358].

Natürlich geht es mir nicht darum, Sklaverei gutzuheißen. Und mir geht es auch nicht darum, dass Chancen, um Missstände zu beheben, wie zum Beispiel Sklaverei, nicht möglichst ergriffen werden sollten. Es geht mir darum zu zeigen, wie der Umzug ins Reich Gottes in der Welt zur Entfaltung kommt.

„Ist jemand in Christus, so ist er eine neue Kreatur; das Alte ist vergangen, siehe, Neues ist geworden."[359]

„Erneuert euch aber in eurem Geist und Sinn und zieht den neuen Menschen an, der nach Gott geschaffen ist in wahrer Gerechtigkeit und Heiligkeit."[360]

Mit Jesus dieser Welt zu sterben, innerlich seine Zelte im Reich Gottes aufzuschlagen und unermüdlich der Erkenntnis dieses Neulands nachzujagen, lässt die alte Identität vergehen und eine neue entstehen. Uns als Christen an diese Identität zu klammern, das ist unsere Aufgabe. Mitten in der Welt, mitten in den Umständen, in denen wir leben, selbst wenn sie uns nicht gefallen und scheinbar nicht zu ändern sind, denn die neue Identität ändert auf ihre eigene Weise alles. Alles andere wiederum ist Frucht, die dann an diesem Baum wächst. Ich weiß nicht, wie diese Früchte tatsächlich konkret aussehen werden, aber ich kann davon ausgehen, dass sie gut sein wer-

---

358 Kol 4,1
359 2Kor 5,17
360 Eph 4,23f

den, denn ein guter Baum kann nicht anders, als gute Früchte hervorzubringen.

Wenn wir leben wollen, wie Gott es sich für uns wünscht, dann müssen wir umziehen. Wenn wir die Welt im Sinne Gottes verändern wollen, dann sollten wir leben, wie Gott es sich für uns wünscht. Und wenngleich ich, wie gesagt, hinsichtlich der Art der resultierenden, individuellen Früchte keine Aussage machen kann, kann ich mir manches dennoch vorstellen. Man wird ja wohl mal träumen dürfen.

Zum Beispiel stelle man sich vor, es würde uns zunehmend bewusst, das Einkommen aus der eigenen Berufstätigkeit wäre zwar vielleicht nach geltenden wirtschaftlichen Maßstäben dieser Welt ein gerechter Verdienst, aber dank der Sättigung durch Jesus tatsächlich viel mehr als wir zum Leben brauchen. Dann würde sich der Umgang mit diesem Einkommen vermutlich drastisch ändern. Man stelle sich vor, wir würden das eigene Einkommen nicht mehr als eigenen Verdienst betrachten, mit dem wir auch das Recht haben, ein Leben auf dem entsprechenden Niveau zu führen, sondern beginnen, dieses als das Pfund zu begreifen, das Gott uns gibt, um damit in seinem Sinne zu handeln, bis er wiederkommt. Eine ganze Menge ungerechten Mammons würde plötzlich in ganz andere Kanäle fließen, aber nicht aus einem Zwang, sondern aus der Freiheit der Kinder Gottes heraus.

Man stelle sich vor, der Leistungsdruck am Arbeitsplatz oder in der Schule würde verschwinden und sich uns dort stattdessen ein weites Feld der Möglichkeiten eröffnen, die Zeit in der Vergänglichkeit im Dienste Jesu auszukaufen. Wie viel Friede verbirgt die Aussicht, als Kind Gottes im Blick auf unsere Möglichkeiten guten Mutes alles für den König geben zu können?

Ob als Schüler oder ob als Handwerker, Hausmensch, Ingenieur, Beamter oder Profisportler, welches Talent einem auch gegeben sein mag, immer im Wissen, dass selbst das Scheitern in der Welt, egal in welcher Größenordnung und nach welchem irdischen Stellenwert, angesichts der himmlischen Zukunft keinen Beinbruch darstellt. Es würde heller an jedem Ort.

Man stelle sich vor, wir würden begreifen, dass die Erforschung der Welt, das eigene Reich in Form eines Hauses, dass Partnerschaft, Ehe und Nachwuchs und alle Dinge der Selbstverwirklichung, die uns gegenwärtig so erstrebenswert und lebenserfüllend erscheinen, uns zwar als wunderbare Gelegenheiten gegeben sind, aber plötzlich in ihrer Bedeutung eine neue Bewertung erfahren, nach der wir sie gar nicht mehr unbedingt brauchen. Man stelle sich vor, alles zu können, aber nichts mehr zu müssen, keine Angst mehr zu haben, etwas zu verpassen, und demnach wenn nötig auch auf alles verzichten zu können. Wie viel Zeit und Kraft würde in dieser Freiheit freigesetzt, die dann nicht mehr nur mir selbst dient, sondern gegenwärtig mit anderen bereits im Reich Gottes verbracht werden könnte? Wie viele Spannungen, Probleme und Schmerzen könnten vermieden werden, wenn die Befriedigung von Sehnsüchten, die die Welt in uns weckt, nicht länger erzwungen werden müsste, sondern einfach sein dürfte oder eben auch nicht?

Man stelle sich vor, wir könnten erleben, wie zwischenmenschliche Probleme dieser Welt an Macht verlieren, wenn sie angesichts ihrer Bedeutung für die Ewigkeit jede Dramatik einbüßen und offen angesprochen und ausgehalten oder gelöst werden können. Des Teufels Spielfeld, um Unfriede, Unruhe und jede Art von Spannungen in unsere Gemeinden zu bringen, würde verschwinden und die Welt könnte tatsächlich an der Art unseres Umgangs untereinander erkennen, wessen Kinder wir sind.

Man stelle sich vor, die Ausbeutung von Mensch und Natur würde weltweit zurückgehen, weil durch das Umdenken einer Unmenge von Glaubenden wirtschaftliche Interessen plötzlich etwas mit Fairness zu tun bekämen. Womöglich würden Lebensumstände in allen Teilen der Welt wieder menschenwürdiger und Menschen könnten tatsächlich auch dort leben, wo ihre irdische Heimat ist, anstatt die Flucht ergreifen zu müssen.

Aber wie kann ich mir das alles und noch so viel mehr vorstellen, wenn ich mir nicht bewusst mache, dass Jesus diese Welt überwunden und mit uns etwas ungleich Besseres vorhat, wodurch sich gegenwärtig einfach alles, aber wirklich alles in einem anderen Licht darstellt?

Alle Dinge, die in dieser Welt getan werden könnten, um sie zu verändern, sind keine Dinge, die wir tun müssen, sondern welche, die wir wollen würden, wenn wir unsere Heimat, unsere Erfüllung im Reich Gottes sähen. Jedes Handeln auf der Erde wäre dann keine Verpflichtung, sondern Wollen und Können aus freien Stücken. Leben in der Gewissheit der himmlischen Perspektive ermöglicht das unverkrampfte Nutzen der Möglichkeiten, in Freiheit und Freude im Sinne Gottes.

Das Fundament ist entscheidend. Sterbe ich noch vor mich hin, gefangen in dieser Welt, während das Geschenk noch unterm Baum liegt? Oder lebe ich als Kind Gottes bereits im Reich Gottes, frei von dieser Welt? Baue ich also mein Leben in dieser Welt auf dem Fundament eines befreiten Gewissens mit den Mitteln dieser Welt, im Glauben, es wäre Gottes Wille, dass mein Leben in dieser Welt gelingt? Oder baue ich mein Leben in dieser Welt auf dem Fundament einer himmlischen Heimat mit himmlischen Methoden, aus dem Glauben, dass Gottes Wille ewiges Leben ist?

Über alle Maßen gewichtige Herrlichkeit

> „Denn siehe, ich will einen neuen Himmel und eine neue Erde schaffen, dass man der vorigen nicht mehr gedenken und sie nicht mehr zu Herzen nehmen wird. Freuet euch und seid fröhlich immerdar über das, was ich schaffe."[361]

> „Da wird dann der König sagen zu denen zu seiner Rechten: Kommt her, ihr Gesegneten meines Vaters, ererbt das Reich, das euch bereitet ist von Anbeginn der Welt!"[362]

Die Liebe Gottes zu den Menschen kommt in nicht weniger zum Ausdruck als im Geschenk einer himmlischen Zukunft in seinem Reich. In Jesus hat Gott uns den Weg bereitet, durch seinen Heiligen Geist gibt er uns Wegbegleitung bis ans Ziel.

Mich auf dieses Ziel auszurichten, mich mit dem Geschenk auseinanderzusetzen, um es mehr und mehr zu begreifen, ist das Beste, das ich tun kann. Dieses Geschenk des himmlischen Bürgerrechts ist so gewaltig, dass es mit zunehmender Wahrnehmung bereits gegenwärtig frei zu machen vermag.

---

361 Jes 65,17f
362 Mt 25,34

„Siehe, meine Mahlzeit habe ich bereitet, meine Ochsen und mein Mastvieh ist geschlachtet und alles ist bereit; kommt zur Hochzeit!"[363]

Das Fest ist bereitet und ich bin eingeladen. Auch wenn es noch ein wenig dauern mag, ehe es richtig losgeht, ich will mich von der Vorfreude prägen und gegenwärtig tragen lassen. Trügerischer Reichtum und verlockende Angebote der Gegenwart sollen mich nicht mehr gefangen nehmen und von der Annahme der Einladung abhalten.

„Ich kann niedrig sein und kann hoch sein; mir ist alles und jedes vertraut: beides, satt sein und hungern, beides, Überfluss haben und Mangel leiden; ich vermag alles durch den, der mich mächtig macht."[364]

Das Evangelium vom Reich Gottes birgt echte Freiheit. Freiheit, die nichts und niemand auf der Welt sonst bieten kann, so verlockend manches auch sein mag. Dieses Geschenk darf nicht unausgepackt bleiben. Es macht auch keinen Sinn, den hohen Preis dafür in den Blick zu nehmen, ohne das Geschenkpapier zu zerfetzen, das Geschenk zu erforschen und letztlich darin zu erblühen. Ich habe keinen Gott, der mir ewiges Leben schenkt, weil ich angesichts des Preises an ihn glaube, ich habe einen Gott, der will, dass ich an ihn glaube, weil er mir ewiges Leben schenkt.

Was nützt dem Kind die Liebe des Vaters, wenn diese Liebe das Kind nicht erreicht? Einfache Antwort: Bei Weitem nicht das, was sie könnte. Und wenn ich über viele Jahre meines Le-

---

363 Mt 22,4
364 Phil 4,12f

bens zwar von der Liebe Gottes wusste, sie aber nicht für mich zu greifen bekam, dann deshalb, weil mir nicht klar war und gemacht wurde, worin sie eigentlich zum Ausdruck kommt.

„Da sprach Jesus zu den Zwölfen: Wollt ihr auch weggehen? Da antwortete ihm Simon Petrus: Herr, wohin sollen wir gehen? Du hast Worte des ewigen Lebens; und wir haben geglaubt und erkannt: Du bist der Heilige Gottes."[365]

Worte des ewigen Lebens haben Simon Petrus und den Jüngern gereicht. In Worten des ewigen Lebens kommt die Liebe Gottes zum Ausdruck.

„Denn unsre Bedrängnis, die zeitlich und leicht ist, schafft eine ewige und über alle Maßen gewichtige Herrlichkeit, […]. Denn wir wissen: Wenn unser irdisches Haus, diese Hütte, abgebrochen wird, so haben wir einen Bau, von Gott erbaut, ein Haus, nicht mit Händen gemacht, das ewig ist im Himmel."[366]

Weil ich mit dem Problem zu kämpfen hatte, die Liebe Gottes nicht wahrnehmen zu können, habe ich mich auch auf die Suche nach der Antwort auf die Frage gemacht, worin die Liebe Gottes überhaupt zum Ausdruck kommt. Die Antwort, die ich finden durfte, habe ich nun gegeben. Und ich wünsche uns nichts sehnlicher, als dass uns diese Liebe tief ins Herz geht.

---

365 Joh 6,67-69
366 2Kor 4,17;5,1

„Wir warten aber auf einen neuen Himmel und eine neue Erde nach seiner Verheißung, in denen Gerechtigkeit wohnt."[367]

„Siehe da, die Hütte Gottes bei den Menschen! Und er wird bei ihnen wohnen, und sie werden seine Völker sein, und er selbst, Gott mit ihnen, wird ihr Gott sein; und Gott wird abwischen alle Tränen von ihren Augen, und der Tod wird nicht mehr sein, noch Leid noch Geschrei noch Schmerz wird mehr sein; denn das Erste ist vergangen. Und der auf dem Thron saß, sprach: Siehe, ich mache alles neu!"[368]

---

367 2Petr 3,13
368 Offb 21,3-5

Abkürzungen der verwendeten biblischen Bücher

Altes Testament

1Mo	= 1. Mose		4Mo	= 4. Mose
Hi	= Hiob		Spr	= Sprüche
Jes	= Jesaja		Jer	= Jeremia
Am	= Amos			

Neues Testament

Mt	= Matthäus		Mk	= Markus
Lk	= Lukas		Joh	= Johannes
Apg	= Apostelgeschichte		Röm	= Römer
1Kor	= 1. Korinther		2Kor	= 2. Korinther
Gal	= Galater		Eph	= Epheser
Phil	= Philipper		Kol	= Kolosser
2Thess	= 2. Thessalonicher		1Tim	= 1. Timotheus
2Tim	= 2. Timotheus		Tit	= Titus
1Petr	= 1. Petrus		2Petr	= 2. Petrus
1Joh	= 1. Johannes		Hebr	= Hebräer
Jak	= Jakobus		Jud	= Judas

Literatur

Wuppertaler Studienbibel, begründet von Fritz Rienecker und Werner de Boor, Neues Testament, herausgegeben von Fritz Laubach, Adolf Pohl, Claus-Dieter Stoll in Verbindung mit Rolf Hille, Gerhard Hörster, Gerhard Maier, Christoph Morgner, Rolf Scheffbuch: NT Gesamtausgabe in fünf Bänden, 1. gebundene Sonderauflage 2008, R. Brockhaus Verlag.

- Das Evangelium des Matthäus, erklärt von Fritz Rienecker, 1953, in: Band 1.
- Das Evangelium des Markus, erklärt von Adolf Pohl, 1986, in: Band 1.
- Das Evangelium des Lukas, erklärt von Fritz Rienecker, 1959, in: Band 2.
- Das Evangelium des Johannes (1. Teil), erklärt von Werner de Boor, 1968, in: Band 2.
- Das Evangelium des Johannes (2. Teil), erklärt von Werner de Boor, 1973, in: Band 2.
- Der Brief des Paulus an die Römer, erklärt von Adolf Pohl, 1998, in: Band 3.
- Der erste Brief des Paulus an die Korinther, erklärt von Werner de Boor, 1957, in: Band 3.
- Der zweite Brief des Paulus an die Korinther, erklärt von Werner de Boor, 1972, in: Band 3.
- Der Brief des Paulus an die Epheser, erklärt von Eberhard Hahn, 1996, in: Band 4.
- Der Brief des Paulus an die Philipper, erklärt von Werner de Boor, 1957, in: Band 4.
- Der Brief des Paulus an die Kolosser, erklärt von Werner de Boor, 1957, in: Band 4.
- Der Brief des Jakobus, erklärt von Hans-Jürgen Peters, 1997, in: Band 5.
- Die Briefe des Johannes, erklärt von Werner de Boor, 1974, in: Band 5.

Von Andreas Mast ist auch ein Krimi erhältlich, in welchem einige Aspekte dieses Buches auf unterhaltsame Weise thematisiert werden:

Andreas Mast – Wirklich daneben

Außerhalb einer ländlichen Kleinstadt wird eines Nachts die sechsundzwanzigjährige Hannah Klamm erstochen. Der gleichaltrige Benjamin Michels wird aufgrund seiner merkwürdigen Beziehung zum Opfer schnell zum Hauptverdächtigen, doch Kommissar Schulte hat Zweifel. Berechtigte Zweifel? Oder gründen diese doch nur in Schuldgefühlen gegenüber seinem Sohn, die der Verdächtige in ihm weckt? Der Fall stellt den Kommissar vor ein großes Rätsel. Sein gläubiger Sohn lässt ihn dabei zwar an einer Theorie bezüglich Wahrheit und Wirklichkeit teilhaben, aber kann ihm das bei der Lösung des Falles eine Hilfe sein?

Mehr als nur ein Krimi!

Paperback; 232 Seiten; ISBN: 978-3-7481-5185-2
http://wirklichdaneben.andima.de